「愛」するための哲学

白取春彦
SHIRATORI HARUHIKO

河出書房新社

はじめに

人はどのようにして、それが愛だと気づくのでしょうか。考えた末に、それが愛だとわかるわけではないでしょう。

自分がたまたま誰か一人を特別に好きになって、それがずっと続いて、やがて相手を自分にとっての特別な存在だと思うようになり、その状態が「人を愛する」ことだろうとなんとなく思いこむだけです。

そして、まったく誰をも愛していなかったときよりも、誰か愛する人がいるときのほうが自分の喜びが多くなることを覚え、その経験から、「愛することはすばらしい」と実感するのがふつうではないでしょうか。

そのように自分の経験から生まれた実感が確かだから、あらためて「愛とは何か」というふうに考えてみたりはしないのかもしれません。多くの人がそんなふうに漠然《ばくぜん》と生きていて、いつのまにか歳をとっていくのではないでしょうか。

それにしても、「好きだ」というのと「愛している」というのは、どこがちがうのでしょうか。度合いがちがうのでしょうか。深さがちがうのでしょうか。だとしたら、その度合いとか深さとは何のことなのでしょうか。

そのようなことは、たとえば自分で恋愛をしてみればよくわかるのでしょうか。すると、恋愛経験のない人はいつまでもわからないということでしょうか。では、恋愛とはいったい何をどうすることなのでしょうか。

デートしたり、セックスしたりすることが恋愛なのでしょうか。そういったことは愛がなければできないことなのでしょうか。他にも疑問はどんどん出てきます。たとえば、相思相愛《そうしそうあい》でなければ、恋愛とはいえないのでしょうか。

こういうふうに、わたしたちは愛という言葉をたくさん使っているのに、愛とはどういうことなのか、よくわかっていないのです。それぞれが自分の解釈で、「これは愛だ」「それは恋愛とはいえない」と勝手に判断しているだけではないのでしょうか。

昭和の時代には純愛という言葉がありました。この純愛の意味もよくわかりません。また、対個人ではなく、人類に向けた愛情、すなわち人類愛という言葉も意味がはっきりしませんん。隣人愛という言葉の意味もはっきりとはしていません。地理的に隣に住んでいる人を愛するということなのか、たまたま隣にいる人を愛することなのかがわかりません。

要するに、わたしたちの多くは愛が何を意味しているのか、ちっとも知らないのです。知らないくせに愛という言葉をしばしば使い、理由や言いわけに愛という言葉さえ持ち出せば、何か決定的なこと、平和的なことを言ったような気分になっているだけではないでしょうか。

本書では、世界の先人の経験による知見と洞察《どうさつ》をベースにし、本当の「愛」はどういうものであるのかを深く追求します。

さらに、「愛」することが人間の最重要の能力であることを示し、「愛」する能力を強く育てるためにはどういう生き方をすれば効果があるのかを考え、古代から広く行なわれてきた一つの基礎的方法としてソリチュードの生活を提示します。

本書が、多くの人の「愛」の覚醒《かくせい》の一助となることを願います。

白取春彦

※本書では、一般的に想像されている愛、あるいは世間的に考えられている愛ではなく、本書で考える愛を「愛」で表現しています。

「愛」するための哲学――――◉目次

第1章　わたしたちは「愛」を見失っている

第2章 そもそも「愛」とは何か

第3章
真の経験が「愛」を育てる

第4章

キリスト教の愛、仏教の愛

第5章

「愛」が人生にもたらす効用

第6章

「愛」する能力の育て方

第7章

「愛」するためのソリチュードの生活

終章

愛の名言集

第1章

わたしたちは「愛」を見失っている

「愛」について悩んでいる人はいない!?

この人生を渡っていくのは、なまやさしいことではありません。誰にとっても、とてもたいへんなことです。

そのたいへんさのうえに、わたしたちは誰もが「愛」をめぐるさまざまな事情や問題を抱えているという状態です。もし誰かを愛さなくてもいいというのならば、どれだけ多くのわずらわしい物事をきれいさっぱり割り切って処理できるでしょうか。

しかし、実際にはそうはいかないでしょう。

わたしたちはいつのまにか、誰かを、何かを、ほとんど意識もせずに「愛」してしまっているというのが現実です。まったく「愛」さずに生きていくことなどできないし、ありえないからです。

それでもなお、生きることのたいへんさを少しでも軽くするために、「愛」することをばっさりと切り棄ててしまうことはできないでしょうか。

そうすると、この人生の重い荷物が半分になって、他の人よりもずっとラクになるかもしれません。

しかし、本当にそのようにして「愛」のない世界が自分の前に広がるならば、それはそれでかなり殺伐《さつばつ》とした世界になってしまうだろうと想像できます。

たぶん、その世界は今よりもはるかに生きづらいでしょう。おそらく、ちっとも喜びのない世界だろうと想像されるからです。

とすると、「愛」というものはわたしたちの悩みの種であり、同時に喜びの種でもあるのではないでしょうか。

しかし、わたしたちのこれまでの経験を振り返って、もう一度よく考えてみると、「愛」は悩みの種ではないかもしれません。

というのも、わたしたちはつい簡単に「愛に悩む」などという言い方をしてしまいがちですが、実際に「愛」そのものについて深く考えたり、悩んだりしているわけではないでしょう。

本当のところは、愛でつながっていると自分が思っている人との現在の関係、あるいは、二人の間に起こっている問題について悩んでいるからです。

純粋に「愛」そのものについて悩んでいるわけではないのです。

それなのに、自分は「愛」をめぐって悩んでいると感じてしまいがちです。なぜかというと、問題となっている人間関係が「愛」でつながっているからです。もっと正確に言うと、その人と「愛」において「も」つながっているからです。その人と「愛」においてもつながっているし、同時に社会的にも自分とつながっているからなのです。そして、わたしたちを悩ます問題は、必ず社会的な側面（あとで説明しますが正しくは世間の側面）のほうから生まれてきているのです。

不倫の悩みは「愛」の悩みなのか

そういう例の典型の一つは、いわゆる「不倫」の関係を持った人の悩みです。

悩みがあるといっても、配偶者がいる人を愛し、あるいは自分の配偶者とは別の人を隠れて愛し、性的に交わっていることについて快楽こそ覚えるものの、その快楽そのものについて苦しんだりはしていないでしょう。身体の性的快楽に苦しみを覚える人などいないからです。

悩みとして重くのしかかってくるのは別のことです。つまり、二人がそういうエロティックな関係を持っていることが、社会的に、具体的には他人の目には悪や罪として映っていることについてではないでしょうか。


では、誰が、あるいは何が、不倫を悪や罪だとしているのでしょうか。これは明らかで、日本では西洋のシステムを真似ようとして19世紀末からにわかづくりの社会制度となった一夫一婦制が不倫関係を認めていないのです。訴えられて裁判になって負けた場合は、損害賠償や慰謝《いしゃ》料などがかかります。

しかし、不倫関係を続けている二人は本当に社会規範や法律をそこまで気にかけているものでしょうか。たぶん、そういうふうに気にしているとしてもその割合は少ないでしょう。というのも、充分にわかっていて関係を始めたのですから。

むしろ、相手、あるいは自分の婚姻関係を実質的に破綻《はたん》させている、あるいは配偶者をこっそりと裏切っているという気持ちのために心を痛めているのではないでしょうか。


では、誰がそれを破綻だとか裏切りだと見ているのか。それはそこかしこにいる他人であり、かつまた、自分の中にいる社会人の顔をした人間だといえるのではないでしょうか。別の言い方をすると、まずは世間の人々、それから自分の中にいる世間の一人が自分の行為を不倫だと責めているのです。

自分の中に、自分の他に世間の一人がいるというのはどういうことか。これは自分の中にいくつかの人格がひそんでいるということではありません。そうではなく、その場によってかなりまちまちの判断基準を持った自分がいるということです。

たとえば有名人の三角関係のスキャンダルが話題になったときには、その場が気の置けない同僚との飲み会だったら「あの有名人もけっこうおいしい思いをしたんだろうなあ」と下司《げす》なことを言い、その場が新しい取引先の会社の役員室だったりしたら、自分の本心であったとしても軽率《けいそつ》なたぐいのことは決して口に出さないでしょう。

この態度を「場をわきまえている」ともいえるし、「計算高い」ともいえます。しかし日本人の態度としてこれはふつうのことでしょう。なぜなら、日本人はいつも世間を怖れているからなのです。怖れているからこそ、その場によって言動をすっかり変えるのです。

一般の日本人が世間を強く怖れているのは次のような言い回しからも明らかです。つまり、「世間で生きていけない」「世間様に顔向けできない」「世間を騒がせてしまった」。

社会人としてどうかという判断などなく、まず世間の顔色を見てその場の自分のふるまいを決めるのです。ここでわかるのは、世間が個人よりずっと上位にあるということです。

「世間」とは何か

では、世間とはいったい何でしょうか。それは人々のことです。人々といっても不特定多数のことではありません。自分の家族や係累《けいるい》、友人、仕事や学校関係の人間、知己《ちき》とそのつながりにある人たちのことです。血縁、地縁などとは一点の関係性も持っていない赤の他人や外国人は含まれないのです。

歴史学者の阿部謹也は著書『「世間」への旅　西洋中世から日本社会へ』の中で、世間とは人のことだとして次のように考察しています。

「『世間』という言葉は自分と利害関係のある人々と将来利害関係をもつであろう人々の全体の総称なのである」

その、いわば「世間人」の一人が自分の中にもいて、婚外の性的関係を不倫として非難しているわけです。ただ、不倫という表現には倫理の倫という字が使われているものの、これまでの人間の知性が少しずつ建設してきた倫理の規範、あるいは個人の良心に基づいているわけではないのです。

世間から白い目で見られたくない、世間から仲間はずれにされたくないから、これはよくないことだと単純に結論づけるのです。その考え方自体が人間倫理とは少しも関係なく、たんなる損得勘定にすぎないということへの気づきすらありません。

しかも、この世間的価値判断がまともだと世間人は本気で思っているのです。そのとき彼らは、世間という言葉を使わず、「一般通念にかんがみて」という言い方をします。そのような言い回しをすることで世間的価値を大きく底上げし、なんだか公的な雰囲気《ふんいき》をまとったものに仕立てあげているのです。


したがって、不倫の悩みというのはちっとも「愛」についての悩みではないと断言できるでしょう。不倫をしている人の苦しみは、その文化環境での社会常識や社会制度（が持っている概念から）の無言の圧力に対しての個人の悲鳴なのです。

不倫でなくても同じです。自分が仕事や生き方において独立した個人であろうとしたとき、世間はとたんに不機嫌な表情を見せ、仲間はずれにされていいのかと無言で迫ってくるのです。みんなと同じように世間的な人としてふるまう限りにおいてのみ、世間的利益の分け前や赦《ゆる》しや再起のチャンスが与えられるというわけです。

「社会」とは何か

わたしたち日本人の大人は「社会人」という言葉を使い、自分たちをその社会人の一人だとみなしています。しかし本当はどうなのでしょう。

社会人というよりも、わたしたちの多くは「世間人」なのではないでしょうか。あるいは、社会人であるよりも、実質は世間人として世間的なふるまいをしていることのほうがずっと多いのではないでしょうか。うわべの看板は一社会人、中身はしょっちゅう世間を気にして生きている世間人なのです。

ところで、この「社会」という言葉は明治時代に急いで輸入したたくさんの外国語の翻訳語の一つであり、今でこそ一般用語となっていますが、日本でのその意味はいまだにはっきりとはせず、現代の文化と暮らしの総称を漠然と指す場合の抽象的な用語として使われているだけです。

けれども、何かが現代の公的な制度に関連しているかどうかが問題にされるときになると、「社会」という言い方が「よそゆきの言葉」として出てくるのです。たとえば、「社会的には許されない」「社会では通用しない」「社会的制裁」「現代の社会では」といったふうに使われます。こういう言葉づかいの発言があるときはだいたい、そこで中心となっている問題が自分の身の回りから遠く離れた事柄、たとえば法律や一般的な（つまり具体的でもなく身近でもない）生活様式に触れているときなのです。

なぜ、いわゆる社会的に問題となる事柄が自分の生活感覚からなんとなく遠い感じをわたしたちに与えるかというと、もっぱらそこでは論理から生まれた社会的な制度や規範に違反しているかどうかが中心になっていることがほとんどだからです。たとえば、世界的な社会問題の一つである差別の問題を、自分の居住区のゴミ捨て場問題よりも身近で切実な問題だと感じるような人はそれほど多くないのです。しかし当事者であるならば、一転して身近で切実な問題となります。

その落差をつくっているのは、自分の感情が反応して動くかどうかということでしょう。さきほどの不倫の件についていえば、自分が不倫をしているか、したいと思っているけれど現実にはできない人の感情が大きく動くのです。そういう人が多いので、週刊誌が購買数を増やすために、テレビのワイドショーが視聴率を稼ぐために、有名人の不倫や男女関係を取りあつかうわけです。

しかし、哲学の専門家がNHK放送のEテレで不倫についていろいろと論じても誰も観たがらないでしょう。なぜならば、世間の人はそもそも不倫の論理とか善悪の観念などに興味があるわけではないからです。そんなことよりも、現実の異性関係の生々しい行動、いきさつ、隠し方に興味を持っているのです。

つまり、誰にでも共通する一般論などより、生々しく具体的なものに、隠された欲望を持つ自分の感情を動かすものに対して世間人は強く反応するのです。外国語の文字だけが並んだ高級店のメニューよりも町の食堂のリアルな食品サンプルを、というわけです。

しかし、どうして一般的なものであるはずの道徳や倫理が世間の人にも曲がりなりにも行き渡っているのでしょうか。それは学校教育の成果などによるものではなく、元は宗教から発生して世俗的に変化した教えが広まったことによるものだと思われます。たとえば嘘をつくことを抑制するために最初から論理的な教えがなされたのではなく、「嘘をつけば閻魔《えんま》さまに舌を抜かれるぞ」といったビジュアル的な恐怖感によって「嘘はよくない」という感覚が植えつけられたはずです。

もちろん嘘についてばかりではなく、生き方の規範の多くがそのようにして植えつけられてきたはずです。そしてこういったものは、耳学問として教えられたというよりも、生きるための知恵として折々《おりおり》に口伝《くでん》されてきたと表現したほうが適切かもしれません。

誰から口伝されたかというと、その場その場で世間を代表するような顔をした立場の人たちからです。それは、親、親戚、近所の人、学校の先生、上司、何かの指導者、季節ごとの宗教行事のたびに会う宗教者、さらにはテレビなどのメディアに出てくる人、テレビドラマ、流行歌の歌詞などです。総じて、いわゆる「世間」からなのです。

世間のルールにしたがって生きている

この口伝がなされるとき、聞くほうはいつだって受け身です。言い返したり疑問をぶつけたりできない関係や状況においてのみ、口伝されるからです。また、今のところはどうしても確かめようのないような微妙な種類の論理について口伝されることも多々あります。そしてたいがいの場合、黙って聞いて受けとめていないと、関係がこじれて修復しようがなくなるという危険性もはらんでいるのです。

この口伝が行なわれるのは何も子ども時代に限ったことではありません。学校を出て働くようになってもそっくり同じなのです。企業に就職すれば、あからさまに研修の場で、あるいは仕事の現場で、出張の際に、仕事のあとの飲食の場で口伝されるのです。それらを素直にマスターして実地で応用すれば、自分が属するようになった一つの小さな世間クラスターの特徴をうまく利用して生きていける立派な世間人の誕生というわけです。

ただ、問題は、その口伝には世間での人間関係の要領だけではなく、町の食堂の料理で使われる化学調味料のように、一般的な価値判断や倫理の決めつけもたっぷりと含まれているということなのです。

すると、口伝されたことはほぼ真理として、少なくとも社会一般のルールとして受けとめる人が多くなります。この世間においてたんにうまく立ち回ることが中心であったはずの口伝の内容が人間一般の生き方の価値観として、自覚なくいつのまにか自分の身にしみこんでしまうのです。一般的な善悪についても、死生観についても、世間の教えから導き出される世間のルールに沿ったものを真実だと考えるようになります。

この世間は一種の検閲者《けんえつ》でもあるかのように常に人々の動きを裁定《さいてい》します。現実には、その人が属している世間クラスターの上位に属している人から下位の人の目だったふるまい、考え、判断のよしあしが裁定されています。会社内の小さな世間クラスターでもこの裁定が厳然とあることは多くの会社員が経験しているはずです。

厳しく裁定された場合、もしくは厳しく裁定されるだろうと予想される限り、最悪の場合にはその世間クラスターから出ていかなければならない心理と状況に追いこまれます。それが、いわば世間バイアスや同調バイアスとなって、ふだんからわたしたちの行動を制限することになるのです。

私的な事柄についても同じで、たとえば、年齢に合わせてどういう服装をするのか、どういう暮らし方をし、どういう人々と交際し、どういう考え方をするのか、といったことにまで世間ルールのスケールをあてがい、そこにおさまるようにふるまうのです。

自分が口にすることにもそのルールに沿った制限がかかり、自分が本心から思ったこと、自分なりに考えたことをそのまま自分の表現を使って言わないようになります。そして、この場ではこういうことをこういうふうに言うべきだという世間的な定型を使うようになるのです。いわゆる「空気を読む」という態度がまっとうだとされるのです。

これがいわば「常識人になること」であり、「どこでも通用する社会人になること」だといまだに強く信じられています。もちろん、本当のところは社会人ではなく「世間の人」になることなのです。

「愛」を決めているのは世間的価値観

世間のルールはたんに生きていくうえでの要領を教えているだけではありません。わたしたちのもっとも個人的なものである「愛」についても、世間はそのルールというものを貫通させようとしてきます。

それをあからさまに見せてくるのがメディア、中でも恋愛もののテレビドラマです。大衆向けの恋愛ドラマというのはまさに世間的モラルの価値観の缶詰のようなものです。

その価値観がどういうものかというと、たとえば、親の愛は尊い、愛国のために死ぬことは尊い、一人の人しか愛してはいけない、不倫や乱倫は罪である、周囲から祝福されるような結婚が愛の完成形である、不運や不幸には必ず原因がある、病気や事故や死は不幸に分類される、死は生《せい》の終焉《しゅうえん》であるといったふうに、さまざまな分野にわたっています。

日本的な世間の価値観の特徴がもっとはっきりするように並べればこうなります。

何事にも秩序が与えられなければならない。人間の序列の基本は長幼の序《じょ》である。しかし、歳をとった人間よりも若い人のほうが可能性に溢《あふ》れていて価値が高い。自分の身分や出自《しゅつじ》をわきまえなければならない。肉体においても財においても強い者こそ価値が高い。才能や能力は血によって引き継がれる。血統と家柄と教育が人をつくる。

仕事にも人間にもおのずと上下がある。どういう場合であっても、自己主張などより謙虚《けんきょ》が望ましい。両親がそろっている子どものほうが幸せである。どんな信仰であってもそれは尊い。苦があれば楽がある。善悪や損得といったことは常識で簡単に判断できる。国家のために尽くすのは偉い人間である。

これらの価値観を共通の前提として、さまざまなドラマ作品が組み立てられているのです。それら世間的価値観は、どれ一つとっても確固たる根拠のないものです。しかしながら、あたかもそれらが人間生活の真理であるかのようにあつかわれていることが問題なのです。なぜなら、それらの価値観を人生の真理と思いこんでしまう人を結果的に不幸にしてしまうからです。

たとえば愛する人と結婚をしなかった人は引け目や敗北感を覚えやすくなり、自分が歳を重ねていくのは確実に生の終焉に向かっていることになり、それもまた徒労感や鬱《うつ》といった暗い抑圧を与えてしまうからです。

世間的価値観を大衆に向けて発しているのは恋愛ものを含めたさまざまな物語ですが、組織的宗教もまた同じことをしています。

たとえば、キリスト教は「罪」という言葉を使って、恐喝《きょうかつ》的に信者たちの生活を一定方向へと導こうとします。信者はその「罪」におびえるあまり、しぶしぶでも教会の教えにしたがう見かけを装うことになります。この構図は、政治が世間的価値観を利用しているのとまったく同じで、つまるところ人々の行動と思想を支配するということなのです。

世間的価値観から派生した世間的人生観による死生観の一つは、人は死によってこの生から完全に切り離されると教えています。あるいは、別の世に行くとも言われています。

これはまったく何の確証もないことなのですが、このような死生観が広く深くはびこるほどに、恋愛ドラマにおいても現実においても、自殺が行なわれやすくなるのは当然のことです。この生からの断絶によって今のいっさいの苦悩からも断絶されるとたやすく考えるようになるからです。

むしろ、死んだらどうなるか本当はわかっていないという不安を残した未完成の人生観のほうが、自殺や殺害をより強く抑制できるはずなのではないでしょうか。

恋愛や結婚は取引になってしまっている

世の流れのままに暮らしていると、静脈に点滴を受けているように、自覚もなく世間が与えてくる価値観とその人生観に染めあげられていくことになるでしょう。

すると、始まった恋愛がいつのまにか他のものに化けている可能性があります。なぜかというと、「愛」したはずの相手と自分の間に、気づかぬうちに多くの計算や取引がはさまってしまうからです。

たとえば、今のこの相手とずっとステディな関係を続けていて自分は幸せになれるだろうか、同居しても裕福な暮らしができるだろうか、今はまだ知らされていない秘密があるのではないだろうか、などと考えてしまいやすくなるのです。これは、いったん手を伸ばした商品を買いためらっているのと同じ態度です。要するに、細かく損得計算をしながら商品の品質を疑っている状態です。

それは、相手を自分と同じ人間とみなしてのふつうの関係でしょうか。いいえ、人間との関係というよりも、棚にずらりと並んだ商品を見ながら取引をしているのとほぼ変わらないでしょう。いわゆる「婚活《こんかつ》」はいっそうあからさまな取引になっています。まだ相手への愛情も生まれていない挨拶《あいさつ》の段階からすでに、情報として入れた相手のスペック（さまざまな属性や学歴など）の質を重要視するわけですから。

こういう「婚活」においては、相手は人間ではなく、自分にとってまだ買い得になるかどうかわからない未知の道具のようなものになっています。本質は商取引ですから、お互いに自分の得しか考えていないのです。

そうして結婚したとしても、その結婚は新しい家電製品を搬入することと似ているのではないでしょうか。その家電に欠陥が見つかったら廃棄、すなわち離婚となります。しかし結婚は人生の重大な決断となるから用心して相手を選び、今後の生活が保障されるためにも、それほど慎重にしなければならないのは当然のことだという功利的な意見もあるでしょう。そういった態度こそ、まさに「現実を見ること」だというわけです。

けれども、その理由で自分の目に映っているのは本当に「現実」なのでしょうか。そのときに映像となっているのは将来に起こりうる可能性が多少ある事柄のうちのたった一つか二つの事柄についての想像の絵であって、今ここにある現実ではありません。

つまり、まだ事実となっていない妄想的な不安をあたかも近い将来の事実であるかのように恐れているだけではないでしょうか。ふだんから世間的な考え方にどっぷりと染まっているため、自分の今の選択（しかも、既成のものからの選択）によって、金銭的な損得や将来の生活レベルが決定されると思うようになるのです。

そこには、ベストな選択さえすればベストな結果が期待できるという能天気《のうてんき》な依頼心も混じっています。奇妙なのは、こういう態度の人にとって、人生の中にあるのは物事の原因と結果だけであり、自分がどこにも存在していないということです。とりわけ、自分の行動というものがまったく欠けてしまった考え方をするのです。

自分からの働きかけと、その働きかけによる状況の変化ということが少しも想像されておらず、すでにある環境、条件、属性などでいっさいが決まってしまうのだという強い信仰のような思いこみがのさばっているだけです。

また、そういう考え方の裏には、明日もあさっても五年後も十年後も、自分も他人も、今とほぼ似たような状態で安全に生き続けて当然だという傲慢《ごうまん》さすら隠れています。

「愛」はおのれの欲望？

要するに、恋愛も結婚も相手があってのことであるにもかかわらず、それに関わる自分の中にある動機の正体の多くはおのれの欲望なのです。しかも世間的な価値観によって煽《あお》られ続けてきた欲望ですから、見かけの美醜、属性の優劣、収入の多さ、肩書きや職業などを基準にしています。

なぜ世間的な欲望がそれらを基準にしているかというと、世間での商売がそれらを基準にしているからにすぎません。商品のよしあしを判断する目で、人間をも見て商品であるかのように判断しているわけです。これは明らかに重大なカテゴリーエラー[※1]です。

しょせん相手をモノと見ているのですから、そういう人の恋愛や結婚が愛情においてうまくいくわけもないでしょう。あるいは、相手の属性や能力や体を自分のつごうで利用するだけの関係がだらだらと続くだけになってしまいます。

※1 カテゴリーエラーとは、ある事柄の領域内で有効な属性や特徴が、別の事柄の領域内でも同じように有効だとまちがって考えること。

そのような人間関係であっても、「愛」はまったくひとつまみほども含まれていないというわけではないでしょう。2%くらいの「愛」がきっと含まれてはいるだろうけれども、その「愛」が人間関係の中心になってはいない可能性は高いのです。

一方、恋愛を始めたばかりのような健康な若い人の人間関係もまた「愛」ではなく、欲望が動かしている場合が多いと思われます。いわゆる一目惚《ひとめぼ》れも自分の欲望の触手《しょくしゅ》の動きです。そういう欲望の中心にあるのは性的欲望です。

もし、「相手に性交を喜ぶ器官や感性がなく、相手の裸体がまったく魅力的でなくてもなお二人の間に愛情のようなものがありえるだろうか」という問いを自分自身に向けてみれば、二人をつなぐものが性的欲望以外のものかどうかがはっきりしてくるでしょう。

ところで、まったく「愛」が含まれていないのに濃密になっているような人間関係は、そこかしこにいくらでも見られます。ところが、おめでたいことに当人どうしはそれを「愛」というものだと思っている。ところがそのような場合、そこに展開されていることの中身は、獲得、「愛」に似た執着、所有（占有《せんゆう》）、拘束《こうそく》、処理といったものなのです。

安っぽい恋愛ドラマの多くは、なぜかそういった関係こそを「愛」と称して描いていますす。あまつさえ、しょっちゅう事件が起き、それぞれにやましい秘密を抱えた登場人物たちがそのたびに騒ぎまくり、誰もが異常なほどに喜怒哀楽《きどあいらく》の落差が大きく、泣きわめいたり怒鳴《どな》ったりするのです。

きっと、「愛」は激しいものだとか、「愛」は最高の情熱だとか、「愛」は求めあうものだといったあやまった主張を、恋愛ドラマは若い人たちに拡散しているのでしょう。

「愛」を「激しい性的欲望」と言わない理由

しかし、本当に「愛」はそんなに激烈で騒がしいものなのでしょうか。もし、「愛」というものがお互いを激しく求めあうものだというならば、その内実は、激しい感情がともなったその場の欲望だということになります。だったら、わざわざ「愛」と呼ばずに、正しく「激しい性的欲望」と言い換えたほうがわかりやすくて便利ではないでしょうか。

それとも、「愛」という言葉はそれをカモフラージュするために使われているのでしょうか。だとしたら、何のためにカモフラージュするのでしょう。欲望という言葉を使いたがらないのは、何かすごく下品で不当だと思うからではないでしょうか。確かに、この言葉に上品な雰囲気はありません。欲望を英語のdesire《ディザイア》に替えたとしても、何かに飢えた感じの雰囲気はそのままです。

欲望という言葉を下品で荒々しいとわたしたちが感じるのは、欲望が強引なエゴイズムから出るものだとすでに多くの経験で知っているからでしょう。


では、ある一人のヘテロ（異性愛指向）の男性がここにいて、彼が「自分もカノジョが欲しい」と言った場合、それは欲望を口にしたことになるのでしょうか。この一言だけでは、他の人たちに恋人がいるのを知って自分にもそういう存在が欲しいと思って言っているのか、なんとなく寂しいだけなのか、「愛」が欲しいのか、恋愛というものを経験してみたいと思っているのか、わかりません。

しかし、そのいずれにしても、この男性はやはり自分の欲望を口にしています。なぜならば、彼は明らかにエゴイズムから「カノジョ」を欲しがっているからです。なぜかというと、「カノジョ」を欲しがるのは、その「カノジョ」「で」自分が何かをしたいということだからなのです。自分が何かをするのが主目的です。「カノジョ」はそのために利用できるものとされています。

ここにある「で」[※2]が、何かを道具にするということを意味しています。

たとえば、フォーク「で」パスタを食べるという言い方をします。目的はこの自分がパスタを食べることであり、フォークはそのための一道具にすぎません。他の道具を利用してもいくらでもパスタを食べることができます。だから、フォーク「で」となるわけです。重要なのは、そのフォークが決して主目的ではなく、利用できる道具だということです。

楽しむ場合は、その差がもっとはっきりします。

たとえば、ボールで楽しむ場合はキャッチボールなどをするわけですが、それはボール「で」今の自分をいっとき遊ばせてみるのであって、ボール自体を目的として楽しむわけではありません。したがって、必ずボールでなければならないというわけではないのです。

ところが、ダンスや乗馬を楽しむ場合はどうでしょうか。

ダンスや乗馬という独特の行為自体を目的として楽しんでいるのです。フラフープではなくどうしてもダンス、あるいは木馬ではなくどうしても生きた馬でなければならない。つまり、自分の関わり方がまったくちがうのです。

何か「で」楽しむ場合は、自分の機能の一部だけを適当に働かせてみるだけであって、全身で取り組むわけではありません。だから、それは気晴らしの一つであり、おざなりであり、真剣ではないのです。

※2 「で」を用いるときの意義と価値については、ゲオルク・ジンメル〈P.54、223参照〉もまた『愛の断想・日々の断想』で短く指摘している。

さっきの男性の場合も同じで、自分自身の気が向いたときに「カノジョ」という新しい道具で食事やデート、性交を楽しみたいだけなのです。だから、「カノジョ」という一般概念の名称を口にしたわけです。

もし彼が「そろそろ妻が欲しい」と言った場合も同じことです。その「妻」という一般概念の名称が口をついて出たのは、たんになんらかの役割を持った人間、つまり道具化された人間が欲しいからです。そこにあるのは自分が何かを利用したいという身勝手な欲望であり、特定の人に向かう形での「愛」とは関係がないのです。

欲望が下品であり、ときには非人間的でさえあるのは、このように他の人間を自分が何かするときのいっときの道具とみなす態度だからなのです。しかし、一般的にそういう態度が「愛」とは関係がないと気づかれにくいのは、大多数の人が世間的なふるまいの一つ、欲望の損得によって自分の行動を決めているからではないでしょうか。

現実は相手をモノとして見ている

なぜ、(欲望から始まった)どんな恋愛にも終わりが来るのでしょうか。もちろん、欲望はそもそも気まぐれで一定ではないからです。

それからもう一つの理由は、どちらか一方が、あるいは二人ともが相手をひそかに採点していて、今後の関係についてどうするか判断をするからです。相手についてのこの採点と判断は、抜き打ち評価みたいなものです。

たとえば、他の人のほうが現在の相手よりも美しくて自分の理想に近く、かつ自分と交際する可能性が見込めるというのならば、マンネリ化した現在の関係に終止符を打ち、相手を取り換えようとする可能性が高いのです。

そういう人に罪悪感などありません。食べ慣れた近所の定食屋に飽き、おしゃれなレストランに行き始めるようなものです。それを、浮気や不貞《ふてい》と呼ぶことも、新しい恋の始まりと呼ぶこともできます。呼び名は立場によって変わります。

交際しながらも、ひそかに相手を他の人間と比べて点数をつけ、価値が低いと判断したらすぐに棄てる。こういう恋愛のありかたには現代の人間関係の特徴が表れています。

その大きな特徴とは、相手をいつまでもモノのようにみなし、さまざまな癖のあるモノのようにあつかっているということです。

サイコパス[※3]的な人が勝利しがちなビジネス世界においてもこの冷酷な態度は徹底《てってい》されていて、他人をスペックで価値づけて固定するし、商品を買う人を消費者とか市場としてしかみなしません。商人ばかりではなく、役人たちも同じです。市民を納税者と呼んで恥じないことからもわかります。

恋愛のからむ事柄においても似たようなもので、相手との交際の途中からモノのようにあつかうのではなく、最初からモノとして見ているのです。たとえば、最高の美人とか、すごくセクシーだとか、色っぽいとか、かわいいとか、清楚《せいそ》な感じというのはたんなる形容の表現ではなく、モノの見かけへの評価となっているからです。洋服やクルマに対してもわたしたちは同じような形容（内実は評価）をしています。

こういう感性で相手をモノとみなしているから、「カノジョ（カレシ）をゲット（get）した」という言い方を平気でするようになるのです。いわゆるナンパも、街という生《い》け簀《す》の中を無防備に泳いでいる魚の一尾を強引にゲットすることです。その方法は略取《りゃくしゅ》となんら変わりません。

相手はモノなのですから、それに対する欲望は所有欲（占有欲）です。これは、「おまえが欲しい」とか、「この人はわたしのものよ」という言い方そのものにも表れています。

昭和の頃までは「お嬢さんをください」と相手の親に言って許諾《きょだく》を得ていたのも同じ感覚でしょう。人間は必ずどこかに所属しているものであり、その所属先から許可を得ればその人間を所有できるという感覚であったのです。

相手に所有されるほうも、そのことをふだんからうすうす感じているのでしょう。なぜならば、恋愛的な交際が急に終わったりすると、「捨てられちゃった」などという表現を使うからです。本当にお互いが対等である関係の終わりであったのならば、「別れた」という表現を使うはずでしょう。

人間をモノとして所有できるのだから勝手に処理もできるというこの考え方は根深く増殖していて、実際に若い人たちがお互いをそのようにあつかっているのが現実です。自分がゲットしたものは自分のものであり、自分のものだからどのようにあつかってもかまわないじゃないかと考えるのです。まるで、人間すら「可処分所得」の一種類であるかのように。

これらは人権を無視した態度だから悪いというのではなく、そもそものはるか手前で、

※3 サイコパスとは精神障害の一種。サイコパスの人は尊大であり、良心が欠如した自己中心的な冷徹さに満ち、結果至上主義であり、他人をだますのが得意である。

人間というものをちっとも知らないという愚かさがはっきりと表れている考え方です。まともに生きてさえいれば、人間が用途のためのモノであると考えることなどできるはずもありません。また、人間というものは、たえず変化し続ける存在であり、一個人をある一つのタイプに固定することなど不可能だとわかってくるはずなのです。

しかしながら、個々人はそれぞれ決まった性格を持っていると単純に決めつけ、「あの人のキャラは」などと言うのです。これは、古い心理学の浅い解釈に由来するか、アニメなどを制作するときのキャラクター設定をそのまま現実の人間にあてはめるというまちがい（カテゴリーエラー）を犯しています。

企業においてもこういうまちがいは多々あり、それが社内常識になってしまっている企業風土からふつうの従業員が影響を受け、自分の生活での判断をも狂わせているということは大いに考えられます。

少なからぬ人は物事をなるべく簡単に考えたがり、そのため、言葉の概念と現実をぴったりと重ね合わせてしまいがちなのです。何かの概念についての自分のイメージとそっくりのものがこの現実に実在すると思いこむのは、妖精や幽霊などが実在すると思いこむのと同じことです。しかしながら、これも世間的な考えの特徴なのです。

「愛」を自分を称賛させるための道具にする人

不特定多数の人から注目されたい、または愛されたいという人がいます。

その場合も「愛」という言葉が使われていますが、これも「愛」とはほぼ関係がなく、その人は自分の欲望の一つを述べているだけです。なぜなら、いかにも愛されることを求めているようでありながら、その内実は「おまえたちの愛をくれ」という要求の命令を発しているからです。

この場合も、他の人たちを道具とみなしています。何の道具かというと、この自分を称賛させるための道具です。とにもかくにも自分自身を称賛させたいという欲望に溢れているのですから、いかにこの自分が称賛に値する能力があり、すばらしい人間であるかを言葉や態度でアピールして、その理由を見せます。

これには、化粧、目立つ服装や独特のふるまい、独得の言葉づかいや発声などの自己アピール表現も含まれます。それは周囲の人々への効果を狙った一種のひけらかしの演技にすぎないのですが、本人はそうは思わず、自分の個性や努力の表れだと思っています。そして実際に他の人々はその演技を事実の表現だと受けとってしまうのです。

この欲望にひたされた人の心を「虚栄心《きょえいしん》」と呼ぶこともあります。

強い虚栄心を持つ人は、それが虚栄、つまり実質のないものだということに少しも気づかないほどに鈍感です。アピールしてこそ人から愛されて人気を得るものなのだと本気で思っているし、人間の価値とは多くの人から認められることのみであり、だから認められている自分の価値はそれほどまでに高いと誇《ほこ》らしく思っているのです。他人は、自分のその価値を理解し、称賛し、保証してくれるための道具なのです。

そして、みずから他人を称賛することもたまにはあるのですが、その称賛はいつも自分より下にある人間へのおざなりなものとなります。なぜなら、自分だけがこの世界において別格に高いと信じているからです。

愛されたい人は自己を失っている

そういう人はいかにも強すぎる自己愛を持っているかのように見えます。自分を特別な人間だと信じて疑わないのですから。

しかし彼らは、自分で自分の才覚や能力に驚いて自分自身を尊敬しているわけではないのです。実際には何も実現する力など持っていません。自分は人気があるのだというニセの満腹感だけで充足しているのです。

また、本当に自己愛が強いわけでもありません。彼らが認識する彼ら自身は、他人が称賛するときの彼らの像だからです。彼らは、その像こそが自分自身の姿だと思っているのです。だから、彼らは（内容のある）自己というものをあらかじめ失っている人とも言えるのです。自己がないのですから、彼らを支えているのは、他人からの評判、地位や肩書き、収入など外から与えられるものなのです。

この「自己がない」という言い方は奇妙に感じられるかもしれません。しかし本当に自己のない人がいるのです。ところが本人自身は自己がないとは思わず、自分はかなり個性的だとすら思っています。しかし、本人がそう思うときの自己とは、自分の癖や、まだ自分からはすべてさらけ出していないもろもろの欲望や好み程度のことなのです。

自己がない人というのは、どこまでも世間人として生きていて、それをまっとうな人間の生き方だと信じきって疑わない人です。彼らは自分が属している組織や集団や地域の意向に沿うような発言と行動をして自分の役割（と自分が思うもの）を充分にはたし、どこにも波風を立てず、社会人としても家庭人としても堅実《けんじつ》に生きてきたと自負すらしているような人です。

なぜ、それが堅実な生き方だと信じているかというと、組織に属している互いの地位の関係性がその人間よりも絶対的に重要で意味があるという価値世界に住んでいるからなのです。

別の言い方をすれば、自己のない人はもっとも哲学的ではない人でしょう。なぜなら、自分のこれまでの知識と経験と思考を組み合わせて物事をあらためて考えたうえで、それを自分なりの見解として表現するということを全然しない人だからです。大手の新聞や週刊誌、さらっと一読しただけで主旨が把握できるような大衆本しか読まず、出身校の先輩や後輩に囲まれ、趣味の仲間を持ち、世間話やあらたまったスピーチに慣れている人です。世間のあらゆる慣習にまみれ、その世間以外に別の現実の世界があるのを感知できないような人です。

そういうふうに世間にすっかり染まったことによって自己が気化してしまった彼らにとって、世界と人生は階層と重要度で埋めつくされた複雑な曼荼羅《まんだら》のようなものであり、それはどこまでも（自分にとっての世間として）固定化されているのです。

愛されたいという欲望を強く持っている人は、たとえば能力や性的魅力などいくつかの条件が自分にそろっていれば愛されるはずだ、あるいは、愛されて当然だという考え方しかできないのだと思われます。これはすでに説明したように、すっかり世間的な生き方に染まってしまった思考です。

かつまた、その人は、自分が愛される条件をそろえようとすることで、それが同時に自分を商品化してしまうことだと気づいていません。したがって、この人は「これでようやく愛されることができる」と思うのですが、実際には、市場の欲望に見合った商品になることなのです。

しかし残念ながら、市場のその欲望はたえずフレッシュな商品を求めるものですから、いずれは飽きられることになってしまいます。すると、そのたびに、求められているレベルの魅力を身につけていけばいいのだというわけでしょうか。

それは、年式がすっかり古くなったクルマの外面の塗装を重ねていくことと少しも変わらないのです。

第2章

そもそも「愛」とは何か

「愛」とは自分から「愛」することを意味する

それにしても、「愛」とはいったい何のことなのでしょうか。また、「愛」は欲しがって手に入るものなのでしょうか。

セックスする相手ならば求めて得られないことはないでしょうが、そこにはいつも必ず「愛」というものがよりそっているのでしょうか。それとも「愛」はいつまでたっても、蜃気楼《しんきろう》に似た観念の幻なのでしょうか。

人が文字で記録するようになってからこれまで、「愛」についての完全だとされる定義や説明はどこにも残されていません。ただ、哲学者や思想家たちがそれぞれの体験と思索《しさく》から生まれた「愛」についての見解を述べているだけです。しかし、『聖書』の中の一文書には、「愛」について書かれた次のような有名な手紙の部分があります。

愛は寛容《かんよう》なもの、慈悲《じひ》深いものは愛。

愛は、妬《ねた》まず、高ぶらず、誇らない。

見苦しい振る舞いをせず、自分の利益を求めず、怒らず、人の悪事を数え立てない。

不正を喜ばないが、人とともに真理を喜ぶ。

すべてをこらえ、すべてを信じ、すべてを望み、すべてを耐え忍ぶ。


（「コリント人への第一の手紙」フランシスコ会聖書研究所訳）


この手紙では、「愛」とはこういうものだという説明はされていません。「愛」は、他の人へのさまざまな態度として表現されています。

「愛」というものが、説明などで簡単に理解されるレベルの概念ではないからでしょう。だから、人への実際の態度として「愛」の具体例が並べられているだけです。

しかも、誰かからの「愛」を自分が感じるときの具体例が書かれているのではなく、この自分の態度として、そこに「愛」が含まれているかどうかが書かれているのです。つまり、愛されるという受動的な態度ではなく、「愛」するというみずからの行動のありようが書かれています。

行動例だけを一覧にする書き方をするということは、「愛」とは自分から「愛」することを意味しているという明確な主張が背後にあるからです。そのように考えているのは、今は『聖書』に収められているその手紙を書いたパウロ[※4]だけではありません。社会学者のジンメルもまた、自分から「愛」することのみを「愛」としています。ジンメルはこのように書いています。

愛は、愛している人にだけある。

（『愛の断想・日々の断想』清水幾太郎訳）

ずっとさかのぼって、紀元前4世紀に生きたアリストテレス[※5]もこう書いています。

愛というものは、愛されることによりも、むしろ愛することに存する。

（『ニコマコス倫理学(下)』高田三郎訳）

20世紀の有名な社会心理学者エーリッヒ・フロム[※6]もほぼ同じで、次のように書いています。

愛は何よりも与えることであり、もらうことではない。

（『愛するということ 新訳版』鈴木晶訳）

つまり、「愛」とは一つの能動《のうどう》的な行為のことだというのです。同じことを哲学者マックス・シェーラー※7もこういう表現で書いています。

愛は常に自発性によって特徴づけられる。

（アルフォンス・デーケン『人間性の価値を求めて マックス・シェーラーの倫理思想』阿内正弘訳）

これらの考え方は、今の若い人をかなり驚かせるのではないでしょうか。

というのも、世間に流布《るふ》している若者向けのさまざまな表現を見る限り、「愛は二人の間に芽生《めば》えるものだ」と思われているようだからです。自分からの一方的な行為が「愛」だなどとは考えられていません。

また、若い人に限らず多くの人は、「愛」は「好き」をたくさん重ねて頂点に達した状態だとも考えているようです。好きだという気持ちが濃縮されていくと、あるいは蒸留さ

※4 パウロ（～60頃）はイエスの死後にイエスの言動を信じるようになったユダヤ教徒で、手紙が多数残されている。
※5 アリストテレス（前384～前322）は古代ギリシアの哲学者でプラトンの弟子。それまでの哲学を学問として分類した。
※6 エーリッヒ・フロム〈P.224参照〉
※7 マックス・シェーラー（1874～1928）はドイツの哲学者。哲学的人間学を提唱した。

れていくと、やがて「愛」になるかのようにです。好意と「愛」は地続きにあるものだと想像されているのでしょう。好意と「愛」は最初から同じ部類に属する言葉であり、「愛」のほうが好意よりもいっそう高く輝かしい場所にあると思われているわけです。

「愛」は好き嫌いやゆれる感情の言い換え？

もし本当にそのように多くの人の考えているとおりだとしたら、「愛」は何かに反応して立ち上がってくる感情の一種だということになります。というのも、自分の外にあるものに対しての強い反応が感情と呼ばれているものだからです。また感情は、自分の外にあるものから連想される経験、記憶、概念に対しても反応して生まれます。

わたしたちは、何もそこに存在していないのに勝手に喜怒哀楽《きどあいらく》の感情を自分から生み出しているわけではないのです。必ず物理的、あるいは心的なきっかけがある。感情に着火するものが自分の外側にあるのです。

わたしたちは、見たり、聞いたりしたもの、そこから連想されたものを過去の経験と記憶にしたがいそれぞれ判断することによって、そのつど喜怒哀楽のうちの一つの感情を立ち上がらせているわけです。

だから、たとえば他人に対しての好き嫌いというのは感情に分類されます。あるタイプの人に対しての好き嫌いは、わたしたちの生育環境や、これまでの時間でまばらに蓄積されてきた経験の記憶から決定されるからです。もっと単純に言い換えると、自分が選ぶ相手は好きであり、選ばない相手は好きではないということになります。

その基準の土台になっているのは、すでに述べたように自分のこれまでの経験の記憶、それに加えて世間の価値観や倫理などが混ざったものです（それがぴったりと重なると、自分の好き嫌いは世間一般の価値判断の好き嫌いと同じになってしまいます）。

したがって、好き嫌いの選択をする基準の土台からまったくはずれているものがもし自分の目の前に現れたとしたら、わたしたちははっきりとした感情を出しにくい状態におちいることになります。たとえば、アンリ・マティスやワシリー・カンディンスキー、ジャクソン・ポロックなどの抽象画を美術館で初めて目にした人は、判断にとまどってしまい、ふだんのように安易に感情を動かすことができなくなるはずです。

誰もが日々経験しているように、感情は強く現れたり急に遠ざかったりします。空腹なのか満腹なのかという体の状態によっても、感情はその現れ方をがらりと変えます。服薬していても感情に影響が出ますし、天候や気圧の変化によっても感情は変わることがあります。

すると、「愛」もまた、そういう不安定さを持った感情なのでしょうか。このように質問すれば、きっと多くの人はきっぱりと否定して、「愛」はもっと別の高いレベルのものだと反論するでしょう。しかし、高かろうが低かろうが、好きだという気持ちが強くなって「愛」になるというのでしたら、やはりそれは感情だということになります。

出発点が好き嫌いのうちの「好き」なのですから、自分の好み、要するにこれまでの経験や世間的価値観によって左右されるほど不安定なものだということです。今後の経験がまた増えれば、好みもおのずと変わってくるのですから。

いわゆる永遠の愛なるものを結婚式で誓った二人が、数年後にはあっさりと離婚してしまう。それは好き嫌いと世間的な損得の計算で結婚に踏み切ったからでしょう。

好き嫌いなどというのは、ゆれる感情と価値観と身心の状態がミックスされたものですから、いくらでも変化してやまないものです。これは自分の食の好みの変化を思い出してみればすぐにわかることです。食べ物ばかりではなく、人に対しても好き嫌いは変化するわけです。

その程度のことでしかない好き嫌いが頂点に達すれば、「愛」に変容《へんよう》するというわけでしょうか。もしそうだとしても、その「愛」なるものはぽつんと頂点に立っているわけですから、とても不安定な情緒《じょうしょ》だということでしょうか。

このように、一般に想像されている「愛」はとてもあいまいなものであり、しばしば気まぐれな好き嫌いやゆれる感情の言い換えになったりしています。

「愛」を言葉で説明することはできない

わたしたちは、「愛」を的確な言葉で説明することができません。にもかかわらず、「愛」とは相手を深く理解（しようと）していることだという一点の強い確信のようなものをなぜか持っています。

だから、スクリーン越しにしか観ることのできない有名な映画俳優を「愛している」と真顔《まがお》で言ったりしたら周囲の人から嗤《わら》われることになってしまいます。ふだんの生活で相手と関わっているのでなければ、「愛」という言葉はそうそう簡単に使えないと考えるのがふつうです。

対象が人間ではなく動物や自然物の場合であっても同じで、それへの関わりが長いか、深くなければ、「愛」の範囲のはじっこにすら入らないとみなされます。そればかりか、対象についての知識が深くないと、それらを「愛」していると言うのはおこがましいとみなされてもいます。対象についての知識の量は、自分の関わりぐあいの深さとつながっているからです。

ただ、知識といっても、対象について「愛」していると口にできるほどのものならば、たんなる勉強やデータ収集によって効率的に得られる種類の知識などではありません。自分からの関わりと相手との親密な関係、その人間的な体験の積み重ねによってのみようやく得られるような理解から生まれた知識です。だから、他人に客観的に説明することはほぼ不可能なものです。

「愛」の行為を純度の順に並べる

「愛」について、以上に述べたような直感的な把握《はあく》とでもいうべき理解をわたしたちがなぜ持っているのか、わかりません。

しかし、直感的な把握ができるのに、あらためて「愛」とは何かと考え始めると、とたんに混乱してわからなくなるのです。おそらく、とうてい言葉にしがたいものを「愛」が多く含んでいるからではないでしょうか。

では、わずかでも「愛」につながっているような行為をわたしたちの経験からつまみ出してきて並べてみることはできないでしょうか。すると、「愛」の範囲が少しずつ見えてくるはずです。

たとえば、キスは「愛」につながっている行為と言えるはずです。ただし、このような接触経験の場合、暴力の一つとして行なわれた強制的なキスなどは含めません。また、しばしば笑いかけるなど、親しさや喜びの態度も「愛」につながっている経験としてカウントすることにします。

すると、だいたい次ページのような事柄が「愛」につながっているということが見えてきます。上から「愛」の純度が低いほうから高いほうへと並べてみましょう。

「愛」につながっている行為

低い

見る。見つめる。	〈関心／懸念《けねん》〉
近づく（そばに寄る）。	〈関心／観察〉
唇で触れる（赤ちゃんの認知の仕方）。	〈認識〉
笑みを向ける。	〈受容／肯定《こうてい》〉
ふだんから気にかけるようになる。	〈懸念〉
名づける。	〈肯定／所有〉
呼ぶ。	〈所有〉
指で触れる。	〈所有〉
握る。	〈所有〉
撫でる。	〈所有〉
抱きしめる。	〈一体化〉
守る。	〈一体化〉
自分自身と同じようにたいせつにあつかう。	〈一体化〉
与える（自分に痛みが生じる場合でも相手に必要なものやよいものを）。	〈一体化〉
相手の存在を喜ぶ（実際には相手がずっと不在であっても）。	〈永遠の一体化〉

純度

高い

強制された行為は「愛」に含まれない

右に列記した行為のすべてには確かに「愛」が含まれていると思われます。しかし、次のような反論も出てくるでしょう。

笑いかけたり、守ったりしているとしても、そうしなければならない規則などで縛られている状況、たとえば、看護や介護や応援や警護《けいご》といった業務の場合でも「愛」が含まれているると言えるのかということです。

そういう場合であっても、純度はだいぶ低くなるけれども「愛」は含まれると考えられます。同じ行為なのに「愛」の純度がどうして低めなのかというと、命じられてなされる（一種の強制の下にある）行為だからです。

とはいえ、命じられて規則通りになされる業務形態になってはいるけれど、そのつど自分から積極的に行為している人もいます。その場合は「愛」の純度が高くなります。

みずからの行為であれば、すなわち自分の意志の割合が高いほどに、「愛」の純度は高いわけです。これはもちろん他人からは見分けがつかないし、客観的に測定できるものででもありません。当事者である自分しか知らないことです。

ここで疑問が生まれてきます。

自己の意志の割合が高いほど多くの「愛」が含まれているのだとしたら、多くの性犯罪、たとえば、痴漢、ストーキング、レイプはそれぞれに「愛」の純度の高い行為と言えてしまうのではないかという疑問です。

こういう行為は確かに、みずからの意志で行なわれているように見えます。誰か他人から強制された行為ではないからです。しかしながら、内実はやはり強制された行為なのです。強制したものは、その人の欲望、妄想、衝動《しょうどう》、かたよった思考などです。いわゆる売春の場合も、最終的に金銭の獲得を目的とした仕事のシステムから命じられているのですから、「愛」が含まれることはありません。

イスラム教の聖典とされている『コーラン』※8には「女はおまえたちの畑である」(私訳「雌牛の章」)と書かれていますが、この文言《もんごん》を頭から信じるゆえに女性に同意を求めることなく性交を強制して射精するのもかたよった思考から強制された行為でしかなく、そこに「愛」が含まれているとは言えません。

寄付は「愛」の行為なのか

たっぷりと「愛」を含んでいるように見せかけながら、最初からまったく別の功利的な目的を隠し持っているものは都市生活の中にたくさんあります。たとえば、他の効果や目的を狙ったやさしさ、丁寧《ていねい》すぎるマナーや計算された礼儀、他人の視線があるところでの善行や愛想《あいそ》、形式的な世話、物量や制度などで献身をよそおう行為、派手に宣伝された献金や募金などです。

企業が寄付したということがメディアで大きくとりあげられることがありますが、その企業としては、自社を無料で宣伝できる、税が安くなる、他の企業と商売がしやすくなる、結果的に金銭が迂回《うかい》して戻ってくるなどの計算をしています。その寄付は「愛」からではなく、背後には自分たちの商売の拡大を目的とする狡猾《こうかつ》な戦略があるわけです。それでもなお寄付をしたのだから、寄付をしないことよりは大いに意義があると考える人もたくさ

※8 コーランはイスラム教の第一聖典。クルアーンとも表記される。「唱えるもの」という意味。ムハンマドの言ったことを記録したもので、7世紀の半ばに成立した。

んいます。

寄付ということについては、『新約聖書』に描写されているイエスがこう言っています。「ほどこしをするときは、右手のすることを左手に知らせてはならない」

これは「愛からすることは人に隠れて行なえ」という意味です。

言い換えれば、「その行為以外に他の意図や目的をいっさい持たないようにせよ」ということです。だから、本当に「愛」から寄付するのであれば、誰にも知られないようにするのがその「愛」をこわさない方法なのです。そうしないと、寄付が純粋な「愛」の行為ではなくなってしまうからです。

自分を「愛」することで得られる報酬

58ページでリストにした行為は、すべて自分が主体になってなされる行為です。愛するという現実の行為そのものが「愛」だからです。愛は、観念ではないのです。

このことがわかっていたから、ジンメルは「愛は、愛している人だけにある」と言いきり、アリストテレスは「愛というものは、愛されることによりも、むしろ愛することに存する」と指摘したわけです。

したがって、情熱をこめて「きみを愛しているよ」とくり返し口にしたとしても、それは「愛」が含まれた行為ではなく、まして「愛」の確認でもなく、周囲の空気を震わせるだけのうつろな声にすぎないのです。


イエスは「愛」についてこのように言っています。

「自分を愛してくれる人を愛したからといって、あなたがたに何の報《むく》いがあろうか」

ここにある「報い」とは具体的に何のことでしょうか。

自分から純度の高い「愛」を相手に与えることによって自分の胸が満ちていくことが、「愛」することで得られる報酬《ほうしゅう》なのです。しかし、意地の悪い見方をすれば、それはいわゆる自己満足ということなのでしょうか。

自分しか肯定しないエゴイズムや、自分しか高く評価しない勝手で排他的な独りよがりという意味での自己満足では決してないけれども、自分が満ちるという感覚を得るという意味でなら自己満足でしょう。

必要なものを自分自身に与え、満たすこと、自分を穏やかな平和と落ち着きの中に置くこと、その意味での自己満足であり、自己愛なのです。

したがって、人が生きるための行為の多くに「愛」が含まれています。たとえば、食べるという日常の行為も「愛」です。汚れた自分の体を洗うのも「愛」ですし、清潔な衣服を着るのも「愛」の行為です。日射しの暑い日にすずしい日陰に入って休むのも「愛」です。自分の身を安全にしておくのも「愛」です。自己を「愛」するからこそ、自分を信じることが可能になるのです。

「愛」するためには自己嫌悪におちいらない

何はともあれ、まず自分自身への「愛」がなければ、わたしたちは一日もまともに生きていくことができないでしょう。自己愛はいわばベーシックな生命維持機能であり、わたしたちの本能ともなっているものです。

ですから、その自己愛がひどく少なくなってしまうと、鬱状態になって希死念慮《きしねんりょ》に犯され、自殺に導かれることもあります。だからといって、もっと自分を愛するためにはこれからどうすればいいのだろうと考える必要はさらさらないわけです。ふつうに生活しているだけで、充分に自己を愛していることになります。

ただ、何か問題が起こったときに自分をあまりにも強く責めたてたり、怒る相手の言い分をそっくり受けとってしまうのはとても危険です。自分を振り返ってみたり態度をあらためてみたりするのはいいのですが、それ以上は自己を嫌悪することになってしまうからです。

この自己嫌悪の状態におちいっていつまでも脱出できないでいると、他人を「愛」することなど不可能になり、周囲の世界が暗く無機質な感じに変わってしまいます。

自己嫌悪をことさらに悪化させるのは、不本意なことをしてしまった自分をきつく責めるときに、自分ではまったく気づかないうちに世間的価値観を標準のスケールにしてしまっている場合です。これは、脱出不可能な鉄壁《てっぺき》の拷問《ごうもん》室の中に自分を閉じ込めてしまうことと同じ苦しみを与えてきます。

たとえば、なぜ自分は他の人がふつうにやっていることもまともにできないんだろうと思ったりします。あるいはまた、なぜ自分はこんなに不細工《ぶさいく》なんだろう、なぜ自分だけ不幸なんだろうと悩んだりします。

そのような苦悩は非常に消えにくいものです。なぜ消えにくいかというと、街に溢れている世間的価値観から自分を見て評価したあげく自己を嫌悪しているからです。すでに説明しましたが、世間にはびこっている価値観はこのうえなく残酷なものであり、いつも人を比較と競争に追い立て、自己を採点させます。

その世間的価値観が満載《まんさい》のテレビなどのメディアは、何がすぐれているのか、どういう人が美しいのか、何が有用で意義があるのかといったことを休みなく言い立てます。また、あるいくつかのタイプの容姿や属性を持った人のみをひけらかすようにくり返し画面に映し出してやみません。視聴者はそういう人たちと自分をすなおに見比べてしまい、結果的に自分を劣っているとみなし、自己嫌悪を加速させてしまうというわけです。

健康な自己愛がしっかりと根づいていれば、自分のありようをみずから否定しないでいられるし、他人と自分を比べないでいられるのですが、ひとたび不安になったときにはそれがゆらぎ始めるのです。

これはふだんから、社会（中身は世間）というものをがっしり確立したものと見る癖があるからでしょう。すると、なんだか自分が非力でちっぽけな存在に思われてきて、そんなときに「社会的にはこっちのほうが正しいけどもね」といったことを言われると、「そうなのかもしれない」とつい思ってしまい、ふだんの自分がゆらいでしまうわけです。

そうならないためには、残酷な価値観が氾濫《はんらん》する世間から離れて書物を読むこと、独りになって何も考えない時間を持つこと、汗ばむ程度の作業に専念することなど、さまざまな方法があるのですが、それらの具体的な技術については第6章で説明することにします。

自己愛と自尊心はちがうもの

ちなみに、生きていくために自己愛はどうしても欠かせないものですが、いわゆる自尊《じそん》心《しん》とはまったく異なるものです。

自己愛は素朴《そぼく》であり、非社会的であり、閉じられているものです。一方、自尊心はむしろ社会的であり、外へ開かれているものです。

自己愛がなぜ素朴であり、閉じられているかというと、自分の中でだけ働く白血球のような「愛」だからです。何の根拠もなく、自分を「愛」し、たいせつにする。だから、素朴であり、直接的には社会に働きかけることもありません。

自尊心はしばしばプライドとも言い換えられるように、自分に高い価値を置く態度を生む心理です。自尊心は、自己愛のように見えやすいものの、その中心にあるのは「愛」ではなく、他人との比較から生まれてくる優越感のようなものです。他人との比較が先にあるのですから、視線は外の社会に向いているわけです。

他人より自分が優位だと思う部分がプライドになるわけですから、さまざまな属性、たとえば、血統、地位、学歴、肩書き、姻戚《いんせき》関係、苗字《みょうじ》、祖先とのつながりを示すものなどがプライドの中心になりうるわけです。

したがって、いわゆるマウンティングで他人の持つプライドをつぶしたり、また逆に自分のプライドがつぶされることもありえます。そういう意味でプライドはうつろな鎧《よろい》みたいなものでしょう。

しかし、自尊心にも一つよい面があります。それは、自分のこれまでの行動についてプライドを持つ場合です。それは、自分で自分の態度の一貫性を信じていることを意味しています。

その自尊心は、別の経験をしている他人に説明してもすぐにはわかりがたいもの（しかし、本質的には他人と同じ経験である）ですから、一般的に呼ばれている自尊心というよりも、閉じられた個人的な自尊心とでも言えるものです。

「愛」の変容の仕方は人それぞれ

ここでもう一度、58ページの「愛」のリストを見直してほしいのです。リストはたんに「愛」の基本的な行為を列記しただけではなく、最初の「愛」から始まって世界への「愛」まで変容していくことをたどっています。変容とは、質が変わっていくことです。

まず、幼児時代の「愛」は世界にある物への関心や認識として現れます。

次の少年期から青年期にかけての「愛」は、この世界に存在しているものの受容や肯定が大きな特徴となります。やがてその「愛」は所有することに注がれ、しかし所有しきれずにかえって世界へと吸いこまれ、最後には永遠の一体化へと溶けていきます。この永遠の一体化がどういうことを意味しているかは、第5章で説明することにします。

ところで、このリストは段階順になっているものの、「愛」の進化、もしくは深化の過程がこのように自然にたどられるというわけではありません。自分の「愛」の質が、こういうふうに変容していく可能性があるということだけを示しています。

その人の生き方によっては「愛」の質が少しも変わっていかないこともあります。たとえば、まだ若くても、あるいは歳を重ねていても、さまざまな形態の所有に執着している場合においては変化が見られません。特に恋愛においては、所有にこだわったままストップしてしまう人がいます。それはすでに説明したように、世間的な欲望はいつも飽くなき所有を求めているからです。

恋愛ドラマや映画でよく見られることが多い「きみが欲しい」とか「きみが必要なんだ」という言い方は、まさに内心にある所有欲を表すものです。そこに「愛」がいくぶん含まれていたとしても、やはり世間的な欲望の割合のほうが圧倒的に大きいのです。

その世間的な欲望をいったんでも手放すようなことがあれば、または欲望を忘れてしまうような状況に置かれたときには、次の段階にある世界との一体化のゾーンを経験することができるようになります。

とはいっても、所有という強い欲望をまったく断ち切ってしまった人のみがようやく次の段階に行けるというわけではありません。所有欲があったとしても、その場で突然に「愛」の変容が起きることもしばしばあるからです。

このリストに並べた〈関心〉〈懸念〉〈観察〉〈認識〉〈受容〉〈肯定〉〈所有〉〈一体化〉は、人の「愛」の素朴な現れであり、ふだんからいっせいに、そのすべてが一人の人間の「愛」の発露の際に見られるものです。しかしながら、所有欲がたまたま90%を占めているならば、他にも同時に現れているはずの「愛」はかすんで見えなくなるわけです。だから、所有欲のみがそこにあるというわけではありません。なぜなら、どれもこれも人にそなわっている「愛」の全体の一部だからです。

ただ、その場の状況と自分の身体の状況によって、「愛」のうちのいずれかの面が他の面よりも優位に、もしくは強く出てくるわけです。ですから、「愛」の現れ方と働き方は、人間の他のいろいろな能力と変わらないということになります。

「愛」の能力は経験によって育ち方が変わる

人間の能力について大きな誤解をしている人がいます。たとえば、世間の人はいとも簡単に他人を評し、「あの人は運動神経がいい」とか、「あの人は本質的に頭がいい」などと言ったりします。そういうふうに断定する人は、練習や努力、コツの突然の習得、飛躍的成長といったことをきっと想像しないのでしょう。

あるいは、恵まれた人間には天賦《てんぷ》の才があるものだ、悪い事柄については遺伝の力が働いているものだと信じているのかもしれません。そういう見方は世間的価値観が個々の人間を決めつけるときの一つの典型です。

このやり方をわたしたちの多くは自覚することなく自分自身についても向け、自己評価していることがあります。そのようにすると、自分の今の能力のありようは決して自分だけのせいではないというふうに責任転嫁《てんか》できるからです。

この癖がひどくなると、運命や生年月日や名前の画数や前世や吉凶《きっきょう》のせいにしたりします。そういう人があまりにも多いため、とりわけ日本の新聞、雑誌、インターネット、マスメディアに占いや運勢の欄があるのでしょう。


しかし、人間である以上、能力の芽はみんなさほど変わりないものです。その生まれつき備わっている能力の芽を自分でたいせつにして水やりするかどうかで異なってくるだけです。これは、「愛」も同じです。自分の「愛」に水やりをするかどうかで、「愛」の能力の成長が異なってきます。

スポーツや技能などの能力の場合は、「水やり」とは当然のことながら練習や熱中を意味しています。その練習や熱中を欠いて運動能力が伸びることはありません。

一方、「愛」の場合の水やりとは何でしょうか。それはわたしたちのふだんの何気ない対処や態度の問題となります。

生きている限り、さまざまなことが起きます。何も特別なことに限らず、わざわざ自分が関わらなくてもかまわない事柄も含め、小さな事柄は毎日のように起きています。そのときに自分がどのようにふるまうか、すなわち眼前の出来事をどのように経験するかということが「愛」への水やりになるのです。つまり、経験の仕方によって、自分の「愛」の育ち方が変わってくるというわけです。

自分がどんなすばらしいことを経験するかではまったくなく、自分がどのようにこの人生の日々を経験するかということがとても重要になるのです。

第3章

真の経験が「愛」を育てる

経験とは自分の内側に変化が起こること

多くの人は、経験というものをあまりにも軽く見ているか、誤解をしています。だいたいは、過去に何かしたことがあるというのが経験だとされています。「そこへ行ったことがある」「ちょっとやったことがある」「一回だけどつきあった経験がある」、その程度のことが経験だと思われています。

それればかりか、いったん何かを手がけたことがあると、自分はそれの半分ほども知ってしまったという高慢な錯覚におちいるか、あるいはそれをある程度は理解していると思われることが少なくないのです。もっとひどい場合には、そのことに関して自分はとっくに卒業したとさえ思いこむ人までいます。

その程度の範囲を世間では経験と呼んでいて、少しもふつごうではないようです。しかし本書でいうところの経験は、世間でいうところのありきたりの経験ではありません。

この経験ということについて、マルティン・ブーバー[※9]がこう書いています。

経験というものは、世界と自分の間で起きることではない。経験とは、人間の内側で起きることである。
（『我と汝・対話』からの意訳）

この短い文を読んで、「ああ、そうか。確かにそうだ」と思う人と、意味がとれない人の二手に分かれるかもしれません。すぐには意味がわからない人は、今まで「〜したことがある」ことのみを経験と思っている人でしょう。
たとえば、わたしたちは学校教育を経験したでしょうか。釣りを経験したでしょうか。ビリヤードのナインボールを経験したでしょうか。長い手紙を書いて出すことを経験したでしょうか。わたしたちが経験したのは、学校でも釣りでもビリヤードでも初恋でも郵便物の投函《とうかん》でもないはずです。わたしたちが本当に何かを経験していたとすれば、そういった制度や遊びや人間関係などではなく、そのときのそのつどの自分の内側なのです。

もし、わたしたちが市販の恋愛マニュアルにしたがって海沿いの公園でデートをしたならば、それは恋愛の経験でありデートの経験でしょうか。デートの間、次の行動プランの

※9 マルティン・ブーバー〈P.225参照〉

ことや口にすべき効果的な言葉などを考えていたりすれば、それはマニュアルの実行であり、相手をコントロールすることにほかなりません。そういう行動はデートでもないし、恋愛みたいなものですらありません。なぜなら、自分の内側、すなわち心が動いていないからなのです。

本当に自分の心が動く恋愛であるならば、自分の内側が大きな変化をとげているはずです。変化した内側を持った自分の目には、世界がまったくこれまでとはちがったものに見えてきているはずです。内側のそういう変化があるからこそ、ふだんの物事が経験という特別なものになるのです。

わたしたちは何か客観的な物事を経験するように思われています。しかし実際にはまったくそうではなく、その何かに反応する自分、その反応によって感情を動かしたり変貌《へんぼう》したりする自分というものを経験するのです。

ゆっくりと、自分の思い出というものを考えてみてください。どんな人であっても、それは決してコンピュータが記録する物理的なものではないはずです。心に思い出として残っている情景の中心にあるのは、コンピュータなどの精密な記録装置がたった一つも再現ができないもの、感触や味覚や匂い、声や音、美しい瞬間、自分の心の動き、感情、印象といったものです。だから思い出とは、単純な記憶などではなく、経験の記憶なのです。

この経験とは、求人広告に記載されている経験者優遇という決まり文句にある経験とは異なるものです。そもそも、文字で説明することなどとうていできないものです。

わたしたちのそのような印象的な経験こそが今のわたしたち自身をつくっているのです。教育や環境や血統によって今のわたしたちがつくられているのでは絶対にありません。

誠実に全身で取り組んだものが自分をつくる

何が経験として残り、今のわたしたちをつくっているのかというと、それはわたしたちが誠実に対応したもの、全身で取り組んだものの数々です。

このわかりやすい例は本を読むときの態度でしょう。ある古典小説の内容を知っているかどうかで点数がつけられるテストが学校で予定されていたとします。これに対応する塾の先生の指導を受けて本の内容を理解する生徒もいるし、その小説を一週間かけてじっくりと自分なりに読む生徒もいます。

また別の生徒は要領よくダイジェストやあらすじのネット記事を見つけて頭に入れ、他の生徒は十数分で本を速読して内容を知ります。テストですから、あらかじめ用意されている答えに合っているものだけが点数を獲得します。ダイジェストで本の内容の主要箇所を知った生徒と、塾で講師から指導を受けた生徒の二人が高得点になるかもしれません。

これを、経験という面から見ればどうでしょうか。独力でその本を一週間かけて読み通した生徒だけが、その本を読むという経験をしたことになります。その他の生徒はその本を経験していません。

その小説を経験した生徒は感動を覚えたでしょう。読みながら泣いたり笑ったりしたかもしれません。心も含め全身で読んだからです。そうしたこと一つひとつについての自己の内部の経験が、その生徒の人間性をつくるのです。

それに比べれば、他の生徒たちは高得点を目指して要領よくテストという物事を処理しただけです。それは経験にはなりません。なぜならば、処理のための小手先の技術を一時的に使うだけでは何も人間の内部にまで入ってこないからです。時間がたてば記憶としても消えていくだけでしょう。

同じことが、わたしたちの日々の生活においても言えるわけです。自分が全身で誠実に取り組んだもののみが経験になり、わたしたちをつくっているのだということです。

幼児が何をしているのか観察してみれば、そのことがもっと明瞭《めいりよう》にわかります。幼児はひまつぶしに遊んでいるのではありません。何事にも全身で取り組んでいるのです。それらの経験こそが彼らを人間につくりあげているのです。

犬や猫も同じです。彼らは片手間に物事に関わったりしません。小さな虫にさえいつも全身で向かっています。彼らの生は経験そのものなのです。

しかし、いかにも世慣れした大人だけが、日々が自分をつくる経験の連続だということに気づいていないのです。

経験に必要なものは、真摯《しんし》な態度、全身的な取り組みと没入《ぼっにゅう》です。これらの一つでも欠けていれば、経験は成り立たなくなります。

いわゆる職人のスキルはこういう経験の積み重ねから成り立って生まれてきたわけですから、職人技《わざ》とは典型的な経験による自己創造の結果といえます。彼らが体現《たいげん》している真の熟練とは、年月や資格や血統や肩書きとは何の関係もないのです。

ところが、物事の表層的な面しか見ることのできないビジネス界の人々は、スキルのエッセンスを抽出《ちゅうしゅつ》して数値化し、一般的な技術として効率的に応用できるはずだと考えています。そのような考え方と感性は、高性能コンピュータを使って言語をあれこれと並べれば物語ができるはずだと考える単純で愚かな感性と同じレベルです。

どんな経験にしても、いつも一回限りのものであり、その人だけのものでしかないのです。なぜならば、経験は関わる人の現実の体と、その人の個性の全体ともあいまって経験となりうるからです。だから、同じ物事なのに他の人が行なうと、別の経験になってしまうか、経験とは呼べないものになってしまうのです。

恋愛を成り立たせるものは真の経験

さて、真の経験を生む態度からもっとも離れた態度というものがあります。具体的にそれは、「からかい」「はぐらかし」「見下《みくだ》し」「おざなり」「傍観《ぼうかん》」「形式的対応」といったことです。こういった態度は、どんな事柄をも無意味にし、虚無《きょむ》の穴に放り込んでしまいます。この態度を恋愛に持ちこむならば、関係はすぐに変質してぎこちないものになります。

だから、恋愛を成り立たせているものは真の経験が必ずそこにあることであり、セックスがともなう場合であっても、真の経験から遠い態度が一つでもとられているならば、それはたちまちに「愛」を消し、恋愛ではないものにするわけです。したがって、売買春でのセックスの関係は肉体的快感の時間制限付きの売買以上のものではないために真の経験になりえず、恋愛にもなりえないのです。

それとは逆にふだんの生活において真の経験をより多く持つほどに、わたしたちの人生は充実したものになっていきます。

たんなる用足しと処理に追われる日々を送るよりも、経験の日々は意味とスキルを与えてくれるからです。いわゆる生きがいと呼ばれているものとは、まさに自分が真の経験をする機会にほかなりません。

リタイアしたあとに生きがいを趣味や外での活動に求める人がいるようですが、それ自体が生きがいになることはありません。しかし、その趣味や外での活動が真の経験となりうるように自分が取り組むならば生きがいになるわけです。

そういうふうに自分の態度のみが真の経験を生むかどうかを決めるのですから、社会から離れて独りで暮らしていたとしても、真の経験の日々を送ることはいくらでも可能であり、場合によってはその日々が多くなるのです。

真の経験を得るには「偽らない」

今よりも多くの真の経験を得るためには、自分の態度をあらためるのがおそらく最短で最良の方法でしょう。自分の態度を変える要点はたった一つで、「偽《いつわ》らない」ことです。それはだいたい次の三つの態度に分けられます。

①可能な限り、自分自身であること
②その場でのごまかしや演技をしない
③現実に向き合い、妄想を現実だと思わない

この三つについて、次に説明しておきます。

1 ― 可能な限り、自分自身であること

自分自身であるとは、いつも自分のままでいることです。

そんなことは誰でもふつうにやっていることだと思われるかもしれませんが、ところが多くの人は素顔の自分でいることを好まず、自分らしさだと自分が考えるイメージの像を誰か他人に見せつけるようにふるまっていることがしばしばなのです。

たとえば、何かを言う場合にしても、自分の考えや気持ちをそのまま自分の言葉で表現する人は驚くほど少ないものです。行動や好みもその場の状況によってがらりと変えたりしています。それはビジネス上のつきあいや社会的マナーから要請されるのでしょうが、それもまた自分自身ではないことになり、自分に正直だとは言えないことになります。忖《そん》度《たく》をするとか場の空気を読むというのも不正直な態度です。

だからといって、何もかもについて自分の好みや価値観や我儘《わがまま》を主張するのが自分自身でいることだというわけではありません。それではたんに依怙地《いこじ》な我欲をさらけ出しているだけになります。自分自身でいるとは、何にもとらわれることなく自分が平静でいるときの自分のままでいるようにするということです。

自分自身でいることは難しいように思われるかもしれませんが、今の自分の状態がどうなのかということを自覚するようにしていれば、やがて自分自身のままでいることがふつうにできるようになります。

それはちっとも難しいことではなく、今の自分がイライラしているのか、暗い考えを持ちやすくなっているのか、静かでゆったりしているのか、腹を立てているのか、散漫な状態になっているのかといったことを自分で知るだけでいいのです。そのように意識をするだけで、平静な自分自身に戻りやすくなります。


また、好き嫌いをなるべくみずから主張しないようにします。好き嫌いは、気分、体調や気候にも影響されるので、いつもの自分とは異なるものだからです。

起きた事柄について一喜《いっき》一憂《いちゆう》しないようにすることも必要です。下手なテレビドラマの登場人物たちのようにぎゃあぎゃあ騒いで反応してみたところで、現実に起きている問題はいっこうに消えていかないからです。自分の感情に関係なく冷静に解決、あるいは解消の手立てを考えるようにします。

また、ふだんから自分の頭の中でいろいろとしゃべらないように習慣づけたほうがよいでしょう。そのためには、見えるものや思い出されるものについてのいちいちの価値判断をしないように意識する必要があります。この安易で軽薄《けいはく》な価値判断こそ、いわゆる世間の騒がしさというものなのです。世間の出来事や他人の言動にあれこれと勝手な感想を述べるコメンテーターを自分の頭の中に飼わないようにしなければ、自分が世間に乗っ取られてしまいます。

2 その場でのごまかしや演技をしない

ごまかしや演技をすることで客を錯覚させて成り立っている商売は数多くあります。そういう商売を離れて一人になったときも、今度は自分に対してごまかしや演技を続けているようだと、いつしか自分を失ってしまいます。

本当の自分はまだこんなものではないと思ったり、自分はまだ本気を出していないと思いこむのも自分自身を偽ることです。そういうふうに他人に対しても自分に対しても見栄を張ることは、ひどく疲れるばかりで結果はむなしいものです。

見栄を張ることは、それ自体で自分の現在のありようを頭から否定することにほかなりません。それは現実の自分自身そのものを深く傷つけることになってしまいます。どうしても見栄を張らなければならないという環境にあるならば、そこから物理的に脱出する必要があるでしょう。そうしないと内心に埋もれた苦しみはいっこうに終わらないからです。

3　現実に向き合い、妄想を現実だと思わない

偽りの中でも、まったく自覚なくなされている偽りの最大の一つは「心配」でしょう。何かについて、あるいは誰かについて「心配する」という言い方をしますが、その心配の中身は、現実とはいささかも関係のない自分勝手な想像です。むしろ、妄想だというしかないようなものです。

だからこそ、まるで予言が的中したかのように「心配があたった」という言い方がされるのです。そしてまた、もし心配があたったとしても、何の解決にもならないのです。妄想をくり広げるのは時間を食いつぶすだけで、そこにはどんな利点も見出せません。そのことにはっきりと気づいておかないと、自分についてもさまざまな妄想をくり返すことがふだんの癖になってしまいます。

そのようにして生きている人は少なくないのでしょうが、妄想はやはり無責任な逃走にすぎません。逃げて現実を変えることはできません。

以上の三つのことを実行し、自分が手がけた事柄だけで真の経験ができている人は、世

間的には決して要領のよい人には見えないでしょう。人間関係の損得を利用してうまく立ち回ることをしないし、いつも自分なりの正直な意見を口にし、仕事や物事に集中して打ち込む姿勢を持っているからです。

むしろ無骨《ぶこつ》か、愚鈍《ぐどん》にさえ見えるかもしれません。もちろん、世間的な価値観しか知らないのに自分は利口《りこう》だと思っている人の目からは愚鈍に見えるだけであって、実際に愚鈍だというわけではありません。それどころか、本人は一人間として豊かな人生を送っているのです。

ふだんの生活の中でも真の経験はできる

真の経験がたいせつなのは、「愛」は真の経験を通じてのみ育つからです。

真の経験を通じて「愛」が成長するからといって、「自分はちっとも真の経験をしていないみたいだから、自分の愛は世間的な欲望のレベルばかりなのだろう」と単純になげくことはありません。というのも、多くの人はそれぞれに真の経験をしているものだからです。自分でそれとは気づかないだけ、あるいは今まで気づいていなかっただけです。

ただ、その経験をする状況はだいたいのところ偶然の機会に起きているのであり、たびたび起きるわけではありません。その偶然の機会とはたとえば、近親者の死亡、突発的な事故、絶望や悲嘆、病気、敗北、孤独、喪失、単純な遊び、自然の中への埋没、無目的な時間の広がりの中に置かれたとき、利害のない間柄での信頼関係などです。

すると、真の経験の機会が(いわゆる世間的には)不幸にみまわれた場合が目立って多いように思われるかもしれませんが、実際のところは、人生のすべての時間が真の経験をする機会なのです。ところが、現代人はそれを知らずに逸《いっ》しています。

なぜかというと、作為《さくい》と忖度のための巧妙な演技とマニュアル、そしてまた社会的自尊心のための承認《しょうにん》欲求にべったりと塗りこめられたルーティンの連続する生活を送ることに慣れているからなのです。確かに、そのようにでもしないと、この資本主義経済下で従業員として充分に給与をもらえるような労働ができないのかもしれません。

だとしても、いつも素《す》の自分ではなく、社会的役割に応じた演技をする自分を厚い鎧《よろい》のようにかぶって生きているわけですから、ほとんど真の経験をする状態ではなくなっているわけです。だから、いわゆる急を要するような困難な問題が起きてようやく、現代人は本当の自分に立ちかえって真の経験をしなければならなくなるのです。そしてまた、なんらかの解決がなされていつもの日常に戻ると、真の経験ができる状態になっていた本当の自分を遠くに置きざりにしてしまうのです。

そのようにふだんは自分を出さず、真の経験をしないようにしなければ社会人としての生活ができない状態というのは、実に不幸なことではないでしょうか。

また、それはリアルな人生だとも言えないでしょう。リアルな人生は、むしろフィクションのほうにあります。なぜならば、フィクションの登場人物たちはあらゆる意味で切迫した状況に置かれ、その状況を真正面から受けとめるからです。もし親に介護が必要な状況になったら、登場人物たちはまずは自分がいくらかでも介護をし、そのことによって今まで知らなかった何か重要なものを見出すのです。

ところが、都会で働く忙しいビジネスパーソンたちの現実はどうでしょう。本心では介護をうとんじ、金銭を払うことで誰かに介護を代替《だいたい》させてすませるのです。彼らはそれを賢く効率的な方法だとみなしています。しかしそれは、真の経験をする最高の機会をみずから棄てることでもあるのです。棄てたら、拾うことはできません。

小説や映画、あるいは神話などに登場する人物たちが危機や苦難にさらされるのは、緊張感をもたらして物語をおもしろくさせようという意図があるからです。そして劇中の人物はその危機や苦難に直面して真の経験をするのです。

だから、フィクションが興味深く感じられるのです。登場人物たちが何事にもおざなりで、自分に責任のある物事に対しても真正面から向き合わない不誠実な人ばかりだったらどうでしょう。観客をわくわくさせることはないでしょう。

しかし、それほど切迫した状況でなければ真の経験が必ずしもできないということではありません。むしろ、ふだんの生活の中で真の経験はいくらでもできるわけです。

二人の禅僧が教えてくれる真の経験

紀元8世紀から9世紀の中国に生きた禅僧たちの次のようなエピソードは、ふだんの生活の中にも真の経験がふんだんにあることを語っています。

夏の終わりに、潙山霊祐和尚《いざんれいゆうおしょう》のところにかつて弟子であった仰山《ぎょうざん》が久しぶりに挨拶に行きます。そこで潙山和尚は、この夏の間は何をしていたかと仰山に訊きます。

仰山は、「土を耕《たがや》して畑にし、種を蒔《ま》きました」と返答します。

和尚は、「ああ、それでは無駄に過ごしたりはしなかったわけだな」と言います。

今度は仰山が、「師匠《ししょう》は何をしておられましたか」と訊きます。

和尚は、「昼間は、飯を食っておった。夜は寝ておった」と答えます。

それを聞いて仰山は、「師匠もこの夏を無駄にお過ごしになってはいなかったのですね」と言います。


これはいかにものんびりとした話に見えるでしょう。どこにも緊迫感がないし、問題も起きていない。ただのお互いの暮らしの報告をしているかのように思えます。しかし、この二人は、真の経験をしていたと互いに打ち明けているのです。なぜならば、自分にとってどうともいうことのない事柄だったら、それをわざわざ口に出して誰かに伝えたりはしないものです。

仰山は自分が土を耕して畑にしたことを述べました。その労働が仰山にとって特別な経験、すなわち真の経験であり、それゆえ彼を圧倒していたからです。同じように、老齢で体の弱った潙山和尚にとっては食事と睡眠が真の経験だったのです。

この二人の禅僧の感覚がわかるでしょうか。では、別の身近な例を出しましょう。

たとえば、児童公園の砂場から帰ってきた幼児に今日は何をしたのかと訊けば、幼児は「山をつくった」とか、「トンネルもつくった」と答えるでしょう。その幼児にとって、砂山をつくり、そこにトンネルの穴をつくるのは大事業であったのです。

その幼児が一時間かけてやっとつくった砂山とほぼ同じ砂山を大人がいとも簡単につくったとしても、幼児の目からすればその砂山はまったく別の物に映ります。また、その砂山はあまり立派ではなく、なんらかの意味あるものでさえなく、自分のつくった砂山こそ多くの重大な意味を含み、精緻《せいち》で、かつ偉大なものなのです。

だから、幼児のつくった砂山を誰かが踏みつぶすならば、幼児はあたかも天が落ちてきたかのようなひどい衝撃を覚えるのです。というのも、その砂山はたんに砂を山に似せた形にしたものではなく、幼児自身だからです。幼児は砂山をつくっていながら、本当は自分自身をつくるという経験をしていたからです。

その幼児にとって同じように日々のすべての行為はまさしく真の経験なのです。しかし、その幼児が成長していくと、なかなか真の経験をしないような人間になってしまう場合があります。そのちがいを生み出しているのは、「分別《ふんべつ》」を持つかどうかです。

真の経験の中核になるものは言葉になりえない

分別を持つとは、物事をわきまえることであり、自他の区別をして生きることであり、世間的な考え方に染まることです。

それは別の言い方では社会に適応した人間になることなのですが、世界の半分以上をも失った人間になることでもあるのです。なぜ世界の半分以上を失うかというと、分別や論理をあてがって理解できる以外のものがすっかりわからなくなるからです。

その人は、たとえば一篇《いっぺん》の詩を読んだとしても、その詩が自分の胸にしみてくるようにはわからないのです。わかるのは、その詩が装飾《そうしょく》的な言葉の分かち書きでたどたどしくつづられていること、全体として意味内容が明確ではないこと、抽象《ちゅうしょう》的な印象がある、という外見的なことです。要するにその人は、物や数字（あるいは数値）に還元《かんげん》できるような事柄、つまり書類に書けるような事柄しか把握できなくなっているのです。

その人のわからなさぶりを「愛」についていえば、性欲や性的衝動の文化的表現が

「愛」というものであろうとつい考えてしまうことでしょう。だから、その人にとって愛すべき対象は、かわいさ、美、成績の優秀さ、カッコよさ、性的魅力、若さ、物質的豊かさ、将来の可能性、貴重さ、能力の高さといった世間的理由のどれかを備えていなければならないのです。

彼にとって愛することとは、所有すること、あるいは性的な行為をすることとなるわけです。肉体的に接触することをせずに「愛」することなど考えられないし、無意味だというわけです。そういう人の倫理はしばしば法律を上回らないことになります。

ふだんはそのように生きている人であっても、不幸を含めて真の経験をする機会に出くわすことがあります。そのときに真の経験をするかどうかはその人の態度しだいです。もし真の経験をずっと持たないのならば、人との「愛」はいつまでも性と関わってしか理解できないでしょうし、人の心の深みに達して何かたいせつなことを把握するのはもっと難しくなるでしょう。

ちなみに、哲学者のウィトゲンシュタイン[※10]は『論理哲学論考』の最後に「語りえないことについては沈黙しなければならない」（私訳）と書きました。

この「語りえないこと」とは、まさに言葉にも数字にもできず、もちろん科学の対象にもできない、本人の感性でしかわからないことを意味しています。それはいわば、美、善、愛、心などのことです。これらは真の経験をする人にとっては、その経験の中核になっているものなのです。

真の経験をすると世界が広く見えるようになる

いやいやであろうと、偶然であろうと、ある程度以上の真の経験をするならば、それは自分の背が高くなったようなもので、視界がぐんと広がって世界が今までよりも広く見えてくるようになります。世界が広く見えるというのは、存在するものの内側に秘められていた意味と意義をより多く見出すことができるようになったからです。

そうなると、これまではつまらないとか無駄とみなしていたもの、あるいは嫌っていたもの、あるいはまた自分の目に映っていなかったものに、深い価値や意義を発見するようになるのです。その分、喜びが増えるわけです。

※10 ウィトゲンシュタイン↓ルートヴィヒ・ウィトゲンシュタイン〈P.226参照〉

そういうふうにあらためて世界に存在しているものの中にある価値を知って喜ぶようになるのですから、世界を新しく「愛」するようになったということです。もちろん、それ以前から世界を「愛」していなかったわけではないのです。世界を「愛」する範囲がいっそう広くなったのです。

この変化は、自分の「環世《かんせ》界《かい》」の拡大ともいえるものでしょう。

ふつうの人はあまり聞きなれないこの「環世界」（生態区）という用語は生物学者のユクスキュル[※11]が使い始めたもので、今では生物学での一つの古典的な概念となっています。

わたしたちはなんとなく、鳥や蜂や魚といった生物もまた自分たちと同じ世界を見ている、この同じ世界を体験していると考えています。つまり、どんな生物にとっても一つの客観的世界しかないというわけです。しかし、そうではないのです。

まず、生物によって外界を知覚する仕方と知覚の範囲がまったくちがっています。そのため、その生物が知覚する限りのものだけが、その生物にとっての世界の全体になります。それがその生物にとっての「環世界」だというわけです。

たとえば、マダニには眼がありません。しかし、眼の代わりになるものとして全身に光《こう》覚《かく》があり、これで自分の下を通る哺乳《ほにゅう》類の体温に気づき、その動物の皮膚から出る酪酸《らくさん》の匂いをキャッチすると、その哺乳類にとりつき、触覚で皮膚を探し、血液を吸います。

マダニにとっての「環世界」とは、匂い、体温、接触刺戟《しげき》の三つだけです。しかし、この狭い「環世界」だけでマダニは生きて子孫につなげることができるのです。そして、世界にある他のものは意味がないし、マダニにとっては存在しないものになるのです。

モンシロチョウの「環世界」はマダニほど単純ではありません。モンシロチョウにとって、午前のキャベツ畑は交尾の世界です。しかし午後になるとキャベツ畑の開いた花がモンシロチョウの眼に意味のあるものとして映ってきて、そこが花の蜜を食べる場所となるのです。

こういうふうに、「環世界」とはその生物にとっての意味のある世界であり、生物によってこの世界はまったく別の「環世界」となっているわけです。

人間の場合、その「環世界」はもっと複雑です。たとえば、目の見える人と目の見えない人の「環世界」は当然ながら異なっています。概念をたくさん知っている人とあまり知

※11 ユクスキュル↓ヤーコプ・フォン・ユクスキュル（1864〜1944）はエストニア出身のドイツの生物学者。亡くなる10年前の著書『生物から見た世界』で「環世界」という新しい概念を用いた。

らない人の「環世界」はちがいます。経験の多さや知識の範囲でも異なってきます。だから、「この世界」という一言で、みんなに共通している世界を厳密に示していることにはならないのです。

もちろん、真の経験をしている人、「愛」することができる人と、それらを知らない人の世界は異なってきます。とはいえ、「愛」することができるようになれば、自分にとっての世界の見え方、意味がもっと広く深くなるわけです。

そういうふうに自分にとっての世界が広くなるほどに、新たな対処法や可能性を見出しやすくなりますし、それが自分にとっての打開や救いの一つとなる場合もあるわけです。

「愛」とは「環世界」を拡げていく能力

ところで、本書ですでに列記した〈関心〉〈懸念〉〈観察〉〈認識〉〈受容〉〈肯定〉〈所有〉〈一体化〉がすべて「愛」の行動であるのは、この世界に向けての「愛」が現れるときのベーシックな行動だからです。

いわゆる恋愛と呼ばれる行動もこれらの素朴な行動が基本になっています。そして、その恋愛に損得や美醜などの世間的価値観の根底にある欲望が混じる割合が少ないほど、つまり相手に求める条件などが少なければ少ないほど、「愛」の純度の高い恋愛になる可能性があると言えるでしょう。

純度の高い恋愛をしている人は、なぜ相手に求めるものがとても少ないか、ほとんどないのでしょうか。その理由は簡単で、世界が広く奥行きまで見えるので相手の中にある多くの豊かなものをすでに自分で発見しているからなのです。

他の人の目には見えていない価値を相手の中に発見するのが、「愛」が持っている特徴の一つだということです。

傷ついた野良の猫を飼うことになった人のことを考えてみてください。その猫はクルマに轢《ひ》かれたことがある猫で、後ろ片脚を切断しています。病気も持っていたので、さらに動物病院で高額の費用がかかりました。世話は健常の猫よりもたいへんです。しかし、その人はその猫を世界最高の猫だと思ってずっと愛しています。その猫なくして、もう自分の他の人生は考えられないほどです。

なぜ、血統書付きの美しい猫でもないみすぼらしい雑種の猫をここまで愛せるのか。この飼い主が野良の猫を助けて面倒を見るという真の経験を通して世界を広く見る視点を持ち、「愛」する能力を同時に身につけたからなのです。

まさしく、「愛」とは「環世界」を拡げていく能力のことです。ただ、わたしたちの多くは「愛」が能力だとは気づいていないのです。しかも、その能力を使うこと自体がすぐに自分の喜びになります。だから、いつまでも「愛」し続けられるのです。

これとは反対の場所に立っているのが、相手が持っている美しい形をたまたま今は好んでいるだけなのに、愛しあっていると自分で誤解しているような多くの恋愛です。

その態度は収集家《コレクター》と同じです。なぜなら、そこに存在している相手を気ままに鑑賞して、いじったり感想を述べたりしているだけだからです。それは、趣味人のように「愛《め》でる」ことであり、決して「愛」することではないのです。

収集家でしかないその態度に強要という一つの要素を加えると、性犯罪と呼ばれるものになってしまいます。そのことを踏まえて現代を眺めてみると、グラビアアイドルや芸能タレントなどといったコレクター向けの商品に満ちているという状態です。ファンたちは彼らに向かって愛していると叫んでいるのです。

タレントは人気商売とも呼ばれていますが、実際には「愛でる」ことを「愛」だと思いちがいをしている人々の錯覚をさらに増幅させて手玉《てだま》にとっているわけです。そういう思いちがいをしている人が多いから、現代はオタクというカテゴリーに入るような人が増えたのでしょう。オタクの本質はマニアックなコレクターであり、「愛」の行動に向かおうとしない臆病《おくびょう》な人たちなのです。

そもそもマニアとは古代ギリシア語で狂気や躁《そう》病を意味する言葉です。だから、マニアはおのれの狂気にかかずらっている人であり、自分のその狂気のために物や人を利用しているのです。その中でも、性的に人を利用しているマニアの典型はSMマニアでしょう。

このように、本物の「愛」と、愛のように見えながらも「愛」ではないものの次元のちがいがはっきりすれば、商品として売られている愛する技術やノウハウというものがすべて「愛」とは何の関係もないものだということがわかってくるでしょう。

それぞれの人の具体的な真の経験からのみ、それぞれの人のそのつどのレベルの「愛」の能力が生み出されてくるのであって、それらをひっくるめて等級づけたり、一般的な技術やノウハウに還元してまとめることなどできるはずもないからです。

料理の名人が用いている包丁の特徴と似ている包丁を買ったからといって、自分もまた名人のように料理が上手になるわけではありません。それと同じことです。

したがって、恋愛の心理学をいくら習得しようが、デートや愛撫の方法論を学ぼうが、それらは本来の「愛」とはまったく関係がないことなのです。ただ、相手をいっとき錯覚させることができるだけです。だから、詐欺師たちは心理学のノウハウを勉強して彼らの商売に応用しているのです。

かえって「愛」から遠ざかる人の特徴

ここでは、かえって「愛」から遠ざかるような姿勢についていくつか指摘しておきます。

●自意識が強い人

まずは、自意識が強くあるほど、結果として「愛」から遠ざかることになります。

また、この自意識のすぐ隣にあるものとしての、自分はこれこれこういう人間であるといった強い自覚も、「愛」の行為から自分を遠ざけるものとなります。とりわけ10代から30代にかけての世代は自意識が強い傾向にあるのがふつうなのですが、この自意識、つまり自分なりの気取《きど》りのために逸《いっ》するものは少なくないのです。

というのも、自意識、気取り、自覚は、外からかぶせられた偽りの一つであり、偽りがある場に「愛」はなじまないからです。皮肉《ひにく》になりますが、心のない恋愛ごっこをするだけならば、自意識は武器や防御の道具になります。なかなか気づかれにくいのですが、ある種の恥じらいも自意識の変形となります。

自意識がなぜ外からかぶせられた偽りであるかというと、他とはちがう自分という前提をそこに置いているからです。他とはちがう自分というその像は親族、いびつな思想の教師、カルト宗教など他人から与えられたものである場合が多いでしょう。

このような意識がぺちゃんこにされる目に遭うこともなくそのまま高《こう》じていくと、自分は世界でたった一人の特別な存在だ、したがってその他大勢とはまったく別にあつかわれなければならないという頑《かたく》なな姿勢になっていきます。

ここまで達すると、そのために一つの弱点が大きくなります。それは、どんな物事にも習熟することができなくなるということです。なぜならば、物事に習熟する過程においては自分を忘れて没頭することが必要ですから、その際にどうしても自意識が邪魔になってしまうのです。

これを裏返せば、いつも自意識の強すぎる人は何にも習熟していない人だともいえます。そういう人はことのほかたくさんいて、大人になっても若いときのように自分の夢を語っていて、現実には何もしていないことがあります。

●何か問題が立ちはだかると、すぐさま方法論や手軽なノウハウを探してそれらにたよる人

次に、何か問題が立ちはだかると、すぐさま方法論や手軽なノウハウを探してそれらにたよる人も「愛」から遠ざかることになります。方法論やノウハウが効率的な手続きとしていくらかでも有効なのは、対象が規則性を持ったモノやシステムの場合だけです。そもそも、ノウハウは生身の人間に対して使えるものではないのです。人生はコンピュータゲームとは異なります。

それでもなお、恋愛のためには心理学や心理のシミュレーションが役立つはずだと考える人がいるし、恋愛や人間関係のノウハウを書いている本があるのです。それらはせいぜい、相手を誤解させたり、罠《わな》にはめるためにしか役立たないでしょう。

●世間体を大事にする人

世間体《せけんてい》を大事にする人、そういう人は驚くほどに多いのですが、彼らも、「愛」には縁遠くなります。世間体の世間というのは具体的には、その人が漠然と描いているまともな世間人の像、知り合いの年配者のふるまい、目にする権威や伝統や因習といったものです。うわべではそういった世間体を重要視し、私事の場面では「愛」をたいせつにするとい

う器用なスタンスをとっているというならば、人生を一種のバランスゲームか何かのようにみなす、なめきった態度だといえるでしょう。

これについてイエスはあからさまに、「あなたがたは、神とマンモンとに同時に仕えることはできない」と言い放っています。ここでの神とは「愛」のことであり、マンモンとは経済活動を最重要視する世間の象徴としてのマネーのことです。人は不誠実に分裂したまま生き続けることなど、できないのです。世間体を大事にするということの中身は他人からよく見られたいということであり、これもまた自意識が変形したものなのです。

要するに、世間体を大事にするというのは、自分独自の人生を棄ててしまうことを意味しているのです。世間体のために顔を向けられずに自殺してしまう人も実際にいるくらいなのです。

自分の言葉に偽りを混ぜないことで真の経験はしやすくなる

なるべく「愛」から遠ざからないようにする大前提は、とにかく自分の口から出る言葉に偽りを混ぜないようにすることでしょう。

その場合の偽りとは、虚偽《きょぎ》、過剰な表現、最初から自分の心にないこと、その場にふさわしいとされている定型的な言動、マナーにのっとった物言いなどのことです。マナー教室などはケース別の嘘に満ちた言動をもっともらしく教える場でしかありません。

自分として責任をとれない言葉を簡単に口に乗せるのも虚偽になります。つまり、社会での人間関係の潤滑油とされている物言いや社交辞令のほとんどが偽りを含んでいます。

だからといって、何についてもあけすけな批判やぶっきらぼうな言葉を投げかけろというわけではありません。はっきりしないことについては沈黙することもできるし、今はわかりませんと答えることもできるし、自分の言葉だけを使って自分の心を表現することのほうが相手にも自分にも誠実だということです。

現実には、そういう態度をとる人は決して多くはないでしょう。しかしそのうちに周りも慣れてくるだろうし、最終的には損得勘定を含んでいない信頼を得ることができます。この損得のない信頼こそ、「愛」の領域の縁に広がっているものなのです。

自分自身の言葉をそういうふうにあらためていくと、まずは自分を信頼できるようになります。自分自身を信頼している人間は本当に少ないものです。また、この自己信頼によって自分が本当は何をしたいのか、何をすべきなのかもこれまでになくはっきりとわかってくるようになります。それにつれて、自分のなすことについての善悪や適否の判断が容易にできるようになるものです。

というのも、今まではその場のつごうや周囲の雰囲気で自分をちょくちょくごまかしていたことが多く、そのため自分のことを本心では嘘つきだとか、いいかげんだと思っていたからであるし、自分へのその嘘のために自分のことがよくわからなくなっていたのです。しかし言葉をあらためるだけで、それらが一気にとっぱらわれるわけです。

自分を信頼できるようになったとたん、肩から重荷を下ろしたような解放感を味わうでしょう。それは同時に、自分の中にあってずっと抑えつけられていた能力を自由に外へと持ち出す大きなきっかけになるのです。

それらに加えて、強い自意識をすっかり棄てることも忘れてはなりません。自意識を持っている限り、どういう場合でも、自意識という厚い手袋をはめたまま相手に触れるようなものですから、いつまでも真の経験ができなくなります。これでは人生をリアルに生きていないのと同じなのです。

真の経験、それこそ人間としての経験であり、誰もがすぐにでも得られるものであり、しかし意図的に、あるいは意欲的に求めていくならば、かえって得られないものなのです。

第4章

キリスト教の愛、仏教の愛

「隣人を愛せよ」は倫理道徳の看板

愛という言葉をもっとも多く使う宗教はキリスト教でしょう。そのため、キリスト教は「愛の宗教」とも呼ばれています。

キリスト教徒でなくても知っている「なんじの隣人を愛せ」という有名な言葉もキリスト教の聖書の中の文書「マタイによる福音書」から引用されたものです。

世界のキリスト教徒は23億人にも達しているようですが、彼ら一人ひとりは本当に「愛」することを日々実践しているのでしょうか。むしろ現実の彼らは、キリスト教徒ではないようなふるまいをしているのではないでしょうか。彼らの多くは聖書についても教会の説教で引用される部分くらいしか内容を知らず、隣人や敵を「愛」するということを全員が実践しているわけではありません。

もちろん、教会まかせではなく、みずから主体的に聖書を読んで勉強しているキリスト教徒もいるのでしょうが、ほとんどは生まれつきの属性のようにクリスチャンだと称しているだけです。にもかかわらず、何かたいへんな目に遭ったときや死にそうな状態になると、急にお祈りをしたりします。もちろん、自分や自分の家族に関わる損得のみが最重要だという自己愛教とでも呼ぶべきこの態度は、イスラム教徒にも仏教徒にもふつうに見られることです。

キリスト教の聖職者が「敵を愛せ」と壇上から教えていても、キリスト教国家は敵を殺す戦争をくり返してきました。個々のキリスト教徒が幼いときから「なんじの隣人を愛せ」と教えられていても、訴訟や離婚の件数は増えるばかりです。さんざん教えられた愛はいったいどこに行って消えたのでしょうか。

新約聖書の「ヨハネによる福音書」では、イエスが二箇所で次のように言っています。「あなたたちに新しい掟《おきて》を与える。その掟とは、互いに愛しあいなさい、である」

これは非常に強い命令です。お互いに愛しあうことを「掟」だと命じているからです。掟とは約束ではなく、規律でもなく、結束の堅い集団の中でのしばしばもっとも強い取り決めのことです。掟を守らなければ、その集団から排斥《はいせき》されるのがふつうです。

ところが、キリスト教徒の多くはこの掟を公然と破っている状態です。それでもなお、キリスト教徒のままでいられる。事実上、キリスト教が強調する愛は、ただの古臭いキャッチフレーズを書いた看板やありふれた商標のようなものになってしまっていると考えられます。

キリスト教の核心である「愛」が看板の決まり文句のレベルになってしまったのはなぜでしょうか。答えははっきりしています。イエスが発した「愛せよ」という言葉が倫理道徳の看板のたぐいに引き下ろされてしまったからです。

法律というのはその時代に合わせて公的な議論の末に制度化されたものです。一方、倫理道徳はある文化圏とその周辺で一般的に「人として守り行なうべきふるまい」とされたもので、成文化《せいぶんか》されておらず、もちろん法律ほどの細則《さいそく》もなく、罰則などもありません。

原則的に倫理道徳は必ず守らなくてもかまわないわけですが、現実として守られていないのは法律のほうです。その反面、倫理道徳のほうが法律よりは守られがちになるのは、そうしないと共同社会から疎外される可能性が高いからです。人は共同社会からはずされて暮らしにくくなるデメリットを強く恐れるのです。したがって、公共マナーや倫理道徳は他人の目がないところでは守られなくなるのです。

キリスト教の「隣人を愛せよ」はこの倫理道徳の看板の代表的なフレーズになってしまっています。看板は風雨にゆらぐ看板でしかありません。そして人々は教会や集会といった場所では隣人愛をたいせつなことだと自分の舌で言っていたのに、教会から離れたとたん、自己愛のみに染まった別人になるというわけです。

これは、人間には二面性があるということを示しているのでしょうか。それも多少はあるかもしれませんが、その態度からもっとはっきり浮き彫りになってくるのは、人間は自分の行動をやんわりとでも強制されるのをうるさがり、強制してくる者を苦々しく思うということです。

その人たちがならず者だからそうだというわけではなく、むしろ自分自身に正直な人たちです。なぜならば、倫理道徳にしたがう行為は見せかけだとわかっているからです。隣人愛がたいせつだとさんざん言われて、そのすぐあとに誰か他人にほほ笑みかけるのは見せかけであるか、偽りそのものです。もしくはその場での社交的な演技だからです。

ただし、人々のそういった心理の動きは西洋でのこと、あるいは近代化がなされた国の人々のことであり、うわべの近代化しかなされなかったのに、あたかも近代化がなされたかのように明治時代に偽装した日本では事情が異なってきます。

王制を否定して個人を立脚させるという意味での近代化がなされていない日本では、法律や倫理道徳はたとえば包装して飾っておく程度の観念でしかなく、人の生き方や行動にさほどの影響をおよぼさないのです。日本では、「世間からどう見られるか」ということが（世間の）人の感情と行動を実際に左右するからです。この世間的価値観が実質的に法や道徳のはるか上位に君臨していて、どんな場合にでも有効とされているのです。

ところで、一般的に広められているキリスト教の教えは、とにかくあらゆることを「神の愛」に還元してしまうという特徴が見られます。すべてを「神の愛が解決する」というわけなのです。しかし、「神の愛」という表現を用いると、そのとたんに「人間同士の愛」と根本的にちがっている質の愛を示唆してしまうことになります。

また、「神の愛」という表現を使うことによって、神があたかも客観的実在であるかのようにとらえられてしまいます。実際、キリスト教教徒の少なからずの人が、人格を持った神という存在がいつも自分たちを見つめていると冗談ではなく考えているし、自分の望みや祈りがその存在に通じるというふうに信じこんでいるのです。それが信仰のリアルというものなのかもしれませんが、だとすると、物理の法則をまったく超越したあまりにも不思議なことが現実に進行中だと信じこむのが信仰なのでしょうか。

それはともかく、「神の愛」が「人間同士の愛」とはまったく異なることをキリスト教会の組織はきっと強調したいのでしょう。にしても、「神の愛」が何を指しているのかがいっこうにはっきりとしません。結果、「神の愛」といったところで、何も明らかに説明していないのと同じなのです。包装ばかり大きく、内容がからっぽの表現です。

しかし、「神の愛」が比喩や暗喩《あんゆ》だというのならば、その「神の愛」とは、わたしたち人間の「愛」が純化されたところの観念だということになりますから、キリスト教の信仰者以外の多くの人にもようやく理解されるのです。

義務としての愛は本物の「愛」ではない

「愛」を重要視するあまり、「愛」さなければならないということを大きく掲《かか》げ、かつ、倫理、道徳、あるいは人間の義務のたぐいにまでしてしまうのは、かえって「愛」に独得な臭みをつけてしまうことになります。

というのも、倫理、道徳、義務といったものは、結局のところ拘束や命令の言い換えだからです。これらはわたしたちの内心の生活へのあつかましい侵犯《しんぱん》であり、そのことをわたしたちは敏感に察して嫌な感じを覚えるのです。誰かに言われてなされる「愛」のような行動ならば、それはやはり本物の「愛」ではないからです。義務とされているのならば、なおさらのことです。

哲学者のアンドレ・コント＝スポンヴィル[※12]はこの義務について次のようにうまく表現しています。

義務とは、まさに愛があれば強制なしに惹《ひ》き起こされることをおこなうよう私たちを強いるものである。

（『ささやかながら、徳について』中村昇・小須田健・C・カンタン訳）

教条的《きょうじょう》で欺瞞《ぎまん》に満ちた体制に反抗することに命を賭《か》けたイエスが真の経験から愛について語るならばともかく、組織や体制に魂を売ったような体臭をふんぷんと放つ人たちから倫理だの義務だのと頭ごなしに言われても、誰も聞く耳を持たないのです。

わたしたちは人生のいちいちの行ないについて命じられなければ生きていけないわけではありません。しかし、宗教組織や体制組織はこと細かに、しかも偉そうに命じてくるのです。それはよけいなお世話以上のことですから、強い反発《はんぱつ》をくらうのです。

一方、母親が「多くの人を愛しなさい」と目の中を見つめながら静かな声で言うならば、わたしたちは素直にうなずくでしょう。ふだんから母親が自分たちを愛していると感じているからです。その場合、わたしたちは「愛」という漢字の意味を知らなくても、「愛」

の中身が正確にわかるのです。

だから、「愛」は教えられて理解できるレベルの概念の一つではないのです。学者が「愛」の概念の内容をいくら探究したとしても、結論としてどこにもたどりつかないのです。どんな言葉でも「愛」は完全に説明できないし、論理で理解できないものです。ただ、具体的な行動をもって個々人がその身心で経験するものなのです。

身心で経験して初めて自分にのみ開かれてくるようなものを、倫理道徳として箇条書き《かじょうが》きにしてまとめ、さらに一般的な法則として他人に教えることなどできるわけもありません。宗教組織でさえ、それは不可能です。しかし、現実の宗教組織はどこもこのバカげたことを堂々とやっているのです。

厳格であったカント※13にしても、その著書『実践理性批判』において「愛せよという義務は無意味である」という旨《むね》を書いています。義務として命じられた愛がもしあるならば、そして実行されるとしても、それはたんに演技であり、おのずから生まれてきた本物の「愛」ではないのです。

※12 アンドレ・コント＝スポンヴィル（1952〜）はフランスの哲学者。著書は『ささやかながら、徳について』など。
※13 カント（1724〜1804）は、ケーニヒスベルク大学の哲学教授。著書は『純粋理性批判』『実践理性批判』など。

ちなみに、仏教では「悟り」について説明などしません。ただ、修行するだけです。なぜなら、悟りは経験であり、理解することではないからです。しかも、悟ったところで、何も偉くはないのです。真の経験さえしていれば誰でも、そして何度でも悟れるからです。したがって、実際には修行すら必須《ひっす》のものではありません。「愛」も同じです。多くの人生経験の中でたまたま真の経験をし、そのときに「愛」することがどういうものかを身心でわからされるのです。

ブッダの愛は生きるものすべてに向かう

一般的な仏教の教学、つまり、ブッダ（覚醒した者）とされたゴータマ・シッダールタ※14の死後に僧侶や関係者たちが仏教として立ちあげた組織の内部で研究された仏教の内容についての学問では、「愛」についてまともに言及することが多くはないようです。というのも、ここでは簡単に説明しますが、愛情は「愛着」とみなされ、数ある執着の一種とされているからです。執着とは人を苦しめる要因の一つであり、仏教徒として避けるべきものとなっています。

しかし、『ブッダのことば　スッタニパータ』（中村元訳）として紹介されたゴータマ・シッダールタの言葉を見ると、確かに「愛」が濃く含まれた印象的な表現が記されています。それは、しばしば引用されることで有名な「一切の生きとし生けるものは、幸せであれ」というものです。また、「一切の生きとし生けるものは、幸福であれ、安穏《あんのん》であれ、安楽であれ」という表現もあります。人間だけではなく、いっさいの生きものが幸せであるようにというのです。ブッダのこの表現はいわゆる「愛」というものではなく、仏教特有の慈愛《じあい》や慈悲なのであると強くこだわる人もいます。しかし、名称がどうあれ、内容は「愛」と同じです。

だいたいにして、ゴータマ・シッダールタ自身が「名称にとらわれてはならない」という主旨の言葉を残しているので、慈愛も「愛」も同じだとして何のさしつかえもないでしょう。特徴的なのは、ゴータマ・シッダールタの「愛」がすべての生きているものに向かうほどに広範なことです。その理由は、彼がしばしば坐った形での瞑想《めいそう》をしていたからでしょう。そして、その際に悟りの瞬間が訪れてくることがあり、その瞬間にはすべてのも

※14 ゴータマ・シッダールタは紀元前5世紀頃の北インド生まれ。仏陀《ぶつだ》、釈迦牟尼《しゃかむに》などは尊称。「仏教の開祖」と説明されている場合もあるが、彼は宗教団体をつくれとは命じていない。

のに親しみを覚えるから、「愛」の対象も広範囲になるわけです。

悟りも「愛」も体験であり、真の経験

残念ながらゴータマ・シッダールタの死後、教団の人々は悟りを経験することがなかったため、悟りをひどく神秘的で高邁《こうまい》なものにまつりあげてしまっています。それは現代までずっと尾を引き、ふつうはなかなか悟りを開けないというふうに信じられています。しかし、彼らがそのように思っていることとはもちろん関係なく、実際に悟りは仏教徒でなくてもいくらでも経験できます。ただ、自分では「あれは不思議な経験だったなあ」とひそかに感じているだけで、悟りの経験だと自覚しないだけです。

坐禅などしていなくても、軽作業をしていても、騒々しくない道で自転車に乗っていても、避暑地の散歩の途中でゆったり休んでいても、たまたまといった感じでその瞬間は訪れます。心に濁った動きがなく、自分を解放していて、何も考えなければいいのです。

その状態を凝縮《ぎょうしゅく》した形に導く手立てがいわゆる修行なのですが、修行したからといって

悟れるわけではありません。なぜなら、悟ろうという目的を置き、その目的の達成のために修行を手段としているからです。無心になろうと努力するために、無心というものを心の中に置いていてはやはり無心ではないのと同じことです。

宗教とは関係がなくても、無心で自分を解放することができる人ならば、どこでも悟りが体験できる、ただそれだけのことです。そういう人は歴史上の有名人にもたくさんいます。たとえば、詩人のゲーテ、[※15]詩人のライナー・マリア・リルケ、[※16]宗教哲学者のマルティン・ブーバーなどはその人生で数多くの悟り体験をしていたのは確かなことで、社会心理学者のエーリッヒ・フロムも一度は体験していることが著書からうかがえます。[※17]

しかし悟りの体験があるから偉いとか尊いというわけではありません。また、聖なる人物に変貌するわけでもありません。ただ、悟りの体験があれば、そうでない人よりも「愛」をとらえやすくなるだけです。というのも、その体験のとき、世界に存在している

※15 ゲーテ→ヨハン・ヴォルフガング・フォン・ゲーテ〈P.232参照〉

※16 ライナー・マリア・リルケ（1875〜1926）はプラハ生まれのオーストリアの詩人で、作品は『ドゥイノの悲歌』『オルフォイスへのソネット』など。

※17 彼らは真の経験を通じて世界と自分が溶けあうという状態（悟り）をしばしば体験していた。その痕跡は彼らの著作に残っているが、その表現は彼らの個性ほどには異なっている。

ものすべてが光り輝いて存在しているのを見るからです。そして同時に、論理では決して把握できないことを教えられる経験をし、これでいいのだという感慨で体が満ち、この片《へん》鱗《りん》の一粒が「愛」だとわからされるのです。

したがって、いくら勉強や研究をしても悟りを理解することは不可能です。勉強は地を這《は》い続けることで晴れた空を眺めようとすることだからです。空を見るためには、自分の顔をあげるという素直な行動が必要なのです。

悟りも体験であり、「愛」も体験です。そして、どちらも真の経験であり、言葉では記述できないものなのです。

第5章

「愛」が人生にもたらす効用

『幸福な王子』はなぜ幸福なのか

真の経験がわたしたちに「愛」する能力をもたらし、この「愛」する能力をわたしたちが実際に使うとき、人間の他の身体能力を用いるときと同じく、それなりの快感と喜びがともないます。

しかし快感といっても、「愛」という能力を使うときの快感は、性器の生殖能力を使うときほどには刺戟として強いものではなく、もっと穏やかで自分自身が満ちていく感じ、いわば深く静かな満足感として表れます。

このことをこっそりと示唆《しさ》した有名な物語がオスカー・ワイルド※18作の『幸福な王子』(The Happy Prince)だと思われます。そのだいたいのストーリーは次のようなものです。

町の高い円柱の上に幸福な王子の像が立っていました。全身が金箔《きんぱく》で覆《おお》われ、装飾にはサファイヤやルビーの宝石が使われていました。

夏も終わり寒い秋になって、一羽のツバメが王子の像の足の間に宿をとりました。そのツバメは一本の葦《あし》に恋していたため、みんなと一緒にエジプトまで飛ぶのに間に合わなかったのでした。そして今はもう恋が破れてしまい、自分だけ町に残ってしまったのでした。

ツバメが眠ろうとすると、水滴が落ちてきました。雨かと思いましたが、それは王子の目から溢れ出た涙でした。なぜ泣いているのですかとツバメは王子を見あげて尋ねました。

すると王子は、「私がまだ生きてサンスーシ宮殿にいた頃、何の悲しみも知らなかった。毎日が楽しいことと美しいことばかりだった。だから私は幸福な王子と呼ばれていた。しかし、私が死んでここに像として置かれるようになってからというもの、この町の醜悪なことと悲惨なことしか目にしない。だから、泣かずにはいられないのだ」と答えました。

それから王子はツバメにこう言いました。

「ここから見える遠くの小さな通りに貧しい家がある。そこにお針子《はりこ》をしているご婦

※18 オスカー・ワイルド（1854～1900）はアイルランド生まれの作家でオックスフォード大学を首席で出たが、奇抜な服装と奇行で有名だった。著書は『サロメ』『ドリアン・グレイの肖像』『幸福な王子』など。

人がいて、女王の侍女の舞踏会用のガウンに刺繍《ししゅう》をしている。その部屋の隅のベッドではご婦人の幼い息子が病《やまい》で横になって、お母さんにオレンジが食べたいとしきりに言っている。しかし、ご婦人は貧しくて川の水しか息子にあげられないのだ。だから、ツバメさんにお願いしたい。私のこの剣に使われているルビーをあのご婦人にあげてくれないか。私の体はここの台座に固定されていて動けないのだ。だから、私の代わりにお願いしたいのだ」

ツバメは渋っていましたが、ついに王子の言うとおりにしました。

ルビーをくわえてその家まで飛んでいくと、ご婦人はすでに疲れて眠りこみ、男の子は熱が上がって赤い顔をしていました。だから、ツバメは彼の周りを飛んで、翼で男の子のひたいをあおいであげました。

ツバメは王子の足元に戻り、「こんなに寒い日なのに、今のぼくはとても温かい気持ちになっているのです」と報告すると、眠ってしまいました。

翌日、ツバメは暖かい季節になるエジプトに飛び立とうと思っていました。しかし王子は、もう一晩泊まってくれないかとツバメにお願いしてから、屋根裏部屋に住んでいる芝居の台本書きの若者のことを言い始めました。

「あの若者の暖炉は冷えている。若者はずっと空腹のままで気を失わんばかりだ。だから、あの若者に私の目にはめられているサファイヤを持っていってくれないか」

ツバメは王子の片目からサファイヤを取り出して運んでいきました。

次の日、ツバメは今度こそエジプトへ旅立とうとして王子にさようならを言いに行きました。しかし、またしても王子から用を頼まれたのです。

「広場をごらん。あそこにマッチ売りの少女がいる。あの子は靴も靴下もはいていない。どんなに寒いだろうか。それなのに、彼女は今夜売らなければいけないマッチをすべて溝に落としてしまった。帰ったら少女はお父さんにぶたれるだろう。だから、私の残った目にはまっているサファイヤを取り出して持っていって、あの子の手に握らせてくれないか」

ツバメは王子の言うとおりにしてから戻ってきて、王子に言いました。

「ぼくはもうエジプトに行かないと決心しました。あなたはもう二つの目も失って何も見えなくなったのですから、ずっとあなたといます」

次の日、ツバメはこれまでの旅で楽しかったこと、興味深かったことを思い出して王子に語って聞かせました。すると、王子は言いました。

「町へ行って、私の目の代わりになっていろいろと見てまわり、それを聞かせてくれないか」

ツバメはすぐに飛び立って町をつぶさに見てまわり、いかに多くの人が貧しさに打ちひしがれてようやく生きているかを報告しました。王子は言いました。

「そうか。見てくれ、私の体には金箔が貼りつけられている。これを一枚ずつはがし、貧しい人たちにあげてほしい。生きている人たちは、金《きん》さえあれば幸福になれると考えているのだから」

ツバメはそのとおりにしました。体のすべての純金をはがされた王子は輝きを失い、灰色になってしまいました。

やがて季節は暗い冬になり、雪がふってきました。ツバメは王子の灰色の唇にキスをすると、息を引きとって足元に落ちました。不意に王子の像から音がしました。それは彼の鉛《なまり》の心臓が二つに割れた音でした。

翌日、市長と議員たちは王子の像を見て驚き、「この王子はなんてみすぼらしいのだ。これでは乞食《こじき》と変わらないじゃないか」と言いました。

王子の像は溶鉱炉《ようこうろ》に入れられて溶かされました。しかし、鉛の心臓だけは溶けなかったので、ゴミ溜めに捨てられました。そこには死んだツバメも捨てられていました。

さて、この王子の像の装飾となっているルビー、サファイヤ、純金は、王子の能力の象徴となっています。一方、ツバメの能力はそれらをくわえて運び届けることです。王子とツバメはおのおのの能力を使い、そのことによって喜びと充実を得たのです。

サンスーシ宮殿に住んでいた頃の王子は、豊かで快適な境遇の中でのみ生活していたから幸福な王子と呼ばれていたわけですが、死んで立像になってから初めて自分の能力を自分の意思で使ったのですから、以前とは別の意味でも幸福な王子であったわけです。

つまり、二種類の幸福がここに描かれています。そして、あとのほうの幸福が、物質の豊かさや境遇に依存《いぞん》していないという点で、真の意味での幸福だったのです。

幸福に欠かせないものは「愛」

ところで、この小さな物語を雑に読むならば、貧しい人へのほどこしという善行を勧《すす》めるという教訓の物語に見えてしまうかもしれません。

しかし、実際にはそういう意図で書かれたわけではないでしょう。というのも、「生きている人たちは、金さえあれば幸福になれると考えているのだから」と王子が皮肉っぽくつぶやいているからです。

つまり、王子自身は、換金できる宝石や純金を不遇な人たちに与えて、その場の貧窮《ひんきゅう》をしのぐ手立てを用意したわけですが、お金があれば誰でも必ず幸福になれるというふうな世間的な考えを持っていなかったというわけです。

幸福に欠かせないものは「愛」なのです。ちなみに、作者のオスカー・ワイルドは次のような言葉を残しています。

人生というものは慈悲の心なしには理解できない、深い慈悲の心なしには生きていけない。来世を説明するものが何であれ、この世を真に説明するのは愛であって、ドイツ哲学ではない。

（『オスカー・ワイルド全集3』西村孝次訳）

「愛」する人にキスをする意味

さきほどの『幸福な王子』の物語では、ツバメは死ぬ前に王子にキスをします。

原文では、ツバメは王子の手にキスをしていいかと訊きます。すると、王子は「私もきみを愛しているのだから」唇にキスしてくれと言います。一般的には、手の甲へのキスは尊敬や敬愛の象徴とされ、唇へのキスは愛情のしるしとされています。だとすると、王子もツバメも「愛」からキスをしたことになります。

それにしても、「愛」とキスがなぜ関わりがあるのでしょうか。自分が愛しているだけで充分だとは思わず、またわざわざ「あなたを愛しています」と表明するだけではすまずに、いったいどういう意味でキスという行為をするのでしょうか。

あらためて考えてみると奇妙なふるまいでしかないキスという行為は、幼児がいろんなものを自分の口に運び、そのものの味や感触をじっくりと確かめ、そして認めることと同じでしょう。それは〈受容〉です。

何を受容するかというと、この世界を受容するのであり、その一つの表れがキスや抱擁《ほうよう》という形です。愛のベーシックな行動のうちの〈受容〉〈所有〉〈一体化〉がキスに表現されているわけです。

もちろん、現実には相手にキスをするのですから、まずは眼前の相手を受け入れています。ところが、受け入れながらも、同時に自分を与えてもいます。極端にいえば、私はこの瞬間にあなたに食べられてもかまいませんと言っているのです。今はそれだけの信頼を寄せていますという表現なのです。

キスですから、自分の口を相手の口につけることになります。このとき、相手の唾液《だえき》が自分の中に入ってもかまわないわけです。なぜかというと、相手と自分が分離していない、むしろ同じだと感じているからです。

わたしたちはいったん口から外に出した自分の唾《つば》を再び口に含むことにすら抵抗を覚えます。自分の外に出たものは汚れてしまったと感じるからです。しかしながら、キスのときは相手の唾に対して抵抗などないのです。菌やウイルスの感染の危険性など考えていません。というのも、それほど相手を自分と同じだとみなし、相手の全体をそのままで受容しているからなのです。こういう受容はもちろん、「愛」の行動の一つです。

そのキスが世界の受容でもあるというのは、相手の唇というその一点から後ろ側へと世界が円錐状《えんすい》に広がっているからです。つまり、キスをする相手は世界という存在の代表となっているのです。

外国の空港に到着し、タラップを降りたとたんに膝を折って伏せるような姿勢をして大地に唇をつける人をニュースなどで見たことがないでしょうか。あれはその国全体への尊敬と愛情を表すためのパフォーマンスです。

こういった姿勢とは反対の態度を見せる人について考えてみてください。人を嫌い、世界を嫌悪する人は、あらゆる形での接触から遠ざかっているのではないでしょうか。その人には「愛」がなく、受容もないのです。

だからキスは受容であると同時に、自分を相手へと溶けあわせる行為、世界へと溶けこんでいく行為であり、キスの衝動もそこにあるのです。だからこそ、キスは安心や満足を自分に与えてくれることになります。

恋をすると世界がバラ色に見えるとよく言われます。それは多くの若い人が経験することで、世界がこれまでよりも明るく、親しみやすく、喜ばしいものに、豊かで広く感じられるようになります。これは相手というドアを開け、その奥に広がる世界と溶けあうのを感じるからです。いっさいが肯定できるようになり、心地よく交わって世界と一体化できるようになるのです。性交の快感もまた、そこにあります。快感は自己が溶ける感覚によって生まれ、自己というものがなくなってしまう手前まで続くのです。

このように「愛」が中心にある場合、方法論として売られている恋愛や性交についてのテクニックはたちまち意義を失ってしまうことになります。なぜならば、本当に愉快さで笑うことができる人に、笑うときの口の開け方や手の置き場所などの不要で細かい技術を教えているようなものだからです。

「愛」の喜びから幸福は得られる

わたしたちは、「愛」する相手とのキスで、はっきりと「愛」の喜びと性的な喜びを実感することができます。

キスするほどまで親密な関係にいたっていない場合であっても、自分の「愛」する人をたとえば遠くから見ているだけでも喜びは感じられます。この喜びは、まさしく幸福です。「愛」することは、まずは自分自身を幸福にすることになるのです。

ところが、世間的な考えでは、幸福はもっと別の量的なもの、偶然的なものを指しているのがふつうです。贅沢《ぜいたく》な暮らし、何不自由ない生活、豊富な資産、いくらでも利用できる多様な人間関係、宝くじに高額当せんすることといったものが幸福だというわけです。

そういった即物《そくぶつ》的なものが幸福だと思いこんでしまうと、あるいはそう教えられて育つと、「愛」する人と二人でいても不幸だと感じるようになってしまいます。自分の気持ちではなく、数えられる物の量ばかり気にかかり、「もっとお金持ちの相手だったらもっと幸福になれたのに」という考え方をしてしまうのです。
だから、幸福という世間的な言葉を気にし、しばしば口にする人ほど、何かを多く獲得することばかりに心が向くようになり、結果としていっそう幸福から遠ざかっていくということが起こりうるのです。

何かを、または誰かを「愛」することこそ幸福の道を歩くことなのですから、自分を幸福にすることはとても簡単で、誰にでもできることです。たとえば、動物を飼っている人はこの「愛」をすでに毎日のように経験しています。動物の世話は労力としてたいへんなはずですが、飼っている人にとっては世話の一つひとつが喜びだからです。植物や景観への「愛」も同じことです。

相手が人でも、動物でも植物でも、それらに対して接することが真の経験となっているならば、そこから「愛」の喜び、すなわち幸福を得ることができるのです。この簡単なことの他に、どこを探しても幸福の道はありません。

ちなみに、詩人のヘルマン・ヘッセ[※19]は著書『愛することができる人は幸せだ』（岡田朝

※19 ヘルマン・ヘッセ〈P.234参照〉

雄訳）にこのように書いていますから引用しておきます。

幸せとは愛であり、それ以外の何ものでもない。愛することのできる者は、幸せである。私たちの魂に、魂自身の存在を感じとらせ、魂自身が生きていることを感じとらせる私たちの魂の動きは、どれもすべて愛である。それゆえ、幸せである者は、たくさん愛することができる者である。愛することと恋いこがれることとは、しかし完全に同じものではない。

当然のことながら、自分の仕事を「愛」することによっても幸福になれます。それどころか、自分自身を愛することでも幸福になれます。そもそも自己愛があるからこそ、わたしたちは生きていけるのです。

人を殺すような者であっても、自分自身だけは愛しています。だから、自分にとっておいしいものを食べようとつとめたり、あるいはまた自分を危険な状態に置かないように日々気づかっているわけです。

自己愛といっても、それはナルシシズムといったものではありません。自己愛は人間の生命維持のためにどうしても必要なものであり、一方、ナルシシズムは他人との比較をしたうえで自分こそ最高に美しい者だと錯覚してうぬぼれることですから、その最初から「愛」とは関係のないものなのです。

本当の「愛」とフェイクの愛の見分け方

ところで若い人は、生命の維持のために必要だという本能のようなレベルの「愛」には興味がないと言うのかもしれません。興味があるのは恋愛においての「愛」だけだ、と。

では、その二つの「愛」に何か大きな差があるのでしょうか。

何も差はありません。生命維持のための「愛」だけが、同じく恋愛の「愛」だけが、ぽつんと別々に独立しているわけではないのです。どちらも「愛」の範囲に入ります。ただ、現実の恋愛の中には、世間的欲望というゴミのような不純物がたくさん含まれているだけにすぎません。

したがって、いっときの情熱で染まった恋愛のみで結びついた関係は、二人の「愛」の接着面の面積が狭かったために、いつまでも最初のようにくっついてはいられなくなるのです。そして、別れが訪れることになります。

多くの人はそれぞれにさまざまな理由で別れがやってくると考えているようですが、実際には恋愛が破綻する根源はシンプルにたった一つです。「愛」がわからないからです。

本当の「愛」とはどういうものかを自分ではっきり意識できるかどうかで、今後の恋愛関係に「愛」がたくさん含まれるかどうかが決まってきます。

つまり、自分と相手とのつながりにあるのが本当の「愛」なのか、フェイクの愛なのかを見分ける目が必要となります。とはいうものの、その見分け方は少しも難しいものではなく、次のいくつかの点に注意を払い、自分で意識していれば、はっきりとわかってくるものばかりです。

①なんらかの目的を二人の関係の外側に隠し持っているかどうか
②相手の美や性質を他の人の美や性質と比較することがひんぱんにあるかどうか
③相手と離れていても、相手の存在を身近に感じているかどうか

まずはこれらの三点を自分でじっくりと調べてみることです。

1 なんらかの目的を二人の関係の外側に隠し持っているかどうか

本当の「愛」が多く含まれた関係を相手と築きたいのならば、交際の始まりの段階で、それがフェイクの愛なのかどうかを見分ける必要があるでしょう。そのためには、自分や相手が「なんらかの目的を二人の関係の外側に隠し持っているかどうか」に注意を向けておくべきです。

たとえば、詐欺師というのは相手のお金を盗むという目的を隠し持っています。ところが詐欺に引っかかる人には、それがわかっていません。詐欺師がさまざまな態度と方法を使って相手を静かにだますからです。

世間の恋愛にも、自覚のない詐欺師のような人がたくさんいます。つまり、相手の存在そのものと交際するのではなく、相手の今の肉体、相手の金銭や稼ぐ能力、若さ、強さ、利口さ、能力、家柄、血統、地位などを本当は目当てにしているのに、そのことをこっそりと隠して交際する人がいるのです。

あるいは、相手ではなく、この自分自身こそが罪の意識と自覚のない詐欺師である可能性も少なからずあります。

もし、この相手と暮らせば安定した生活が送れるだろうとか、親兄弟や友だちに自慢できるとかいう気持ちがわずかでもあるならば、自分自身がその詐欺師の一人なのです。

詐欺師であるかどうかを見破る方法の一つは、どういう理由や気持ちで現在の仕事や職に就《つ》いているかを知ることです。ただお金が欲しくて仕事をしているために、より条件のいい職場に移ることをくり返している人ならば、「愛」よりも物質の豊かさや自分の快楽に重きを置く人でしょう。この資本主義経済の社会において、そういう人は投資家の他にも意外と多いものです。

自分自身がそういう人間であるならば、先に説明した意味でこれまでの真の経験の少なかった人である可能性があります。

旅行に出たなら何をするかということも、相手や自分の本性を浮き立たせます。旅行先で買い物ばかりをする人、新しい刺戟を求める人、人格が変わったようになる人は、自分を偽る傾向が高いといえるでしょう。

そういう人たちにとって恋愛は新しいオモチャみたいなものですから、その関係に「愛」が含まれているとしてもごく微量になるでしょう。

2　相手の美や性質を他の人の美や性質と比較することがひんぱんにあるかどうか

美しさやデザインに異常にこだわり、そこにのみ価値を置くのならば、人への「愛」が薄くなる傾向が高くなります。なぜならば、美しさや造形のデザインとはつまるところ、ある人の好みや知識の範囲の中でのみとらえられるもの、要するに嗜好《しこう》のことだからです。

そして、嗜好にこだわるような人は、絶えず他の美やデザインと細かい比較を行なっているものです。この比較とは、一種の架空の競争です。しかも、その優劣の決定はいつもその人の主観によるものでしかありません。

そのような狭い視線による価値観を持った人が、他人という自分とは異質な存在のすべてをまるごと「愛」するというのは、そんなに容易なことではないでしょう。

3　相手と離れていても、相手の存在を身近に感じているかどうか

自分が相手を「愛」しているかどうかは、自分に訊けばわかります。英語で“I miss you.（あなたがいないと寂しい）”というべき感覚がなくなっていれば、相手を「愛」して

いることになります。

どうしてかというと、相手を「愛」しているのならば、いつもその「愛」が胸の内にあるのですから、物理的に相手がここにいなくても、胸の中にある「愛」は相手の存在を感じて喜んでいるからです。そして、もし相手が死んだとしても、その「愛」はまったく消えずにそのまま残ります。だから、悲しくはありません。

古代ギリシアの哲学者エピクロス[※20]は「亡くなった友人の思い出は、快である」（『エピクロス　教説と手紙』出隆・岩崎允胤訳）と書いていますが、自分の胸にある「愛」において、逝去《せいきょ》した友だちとの親密さがずっと続いているからではないでしょうか。

もし相手が死んだことによって欠落感が生まれ、たちまち寂しさばかりつのるようだとしたら、それは今まで相手を慣れ親しんだ日常のレスポンス要員として重宝《ちょうほう》がっていたということになるでしょう。そういうふうにして配偶者やペットと暮らしている人は少なくないのです。

相手が死んでもなお続くこの「愛」というのは、その相手だけへの「愛」ではなく、人間存在全体への「愛」でもあるということに気づくこともできます。こういう「愛」が自分の胸にあれば、「愛」していた相手への親密さを他の人間や動物の中にも容易に見つけることができるようになるのです。

要するに、これが永遠の「友情」や永遠の「愛」（古代ギリシア語でフィリア）と呼ばれるものなのです。

「愛」することによって自分はどう変わるのか

人を「愛」することができるようになると、それにつれて自分が変わっていきます。その変容をまとめると、だいたい次のような特徴が見られます。

①演技的ではなくなり、世間的でもなくなる
②目的や手段を重要視しなくなる
③新しい知覚を持っているために楽しみの範囲が広がる
④さまざまな価値基準をあらかじめ持たなくなる

※20 エピクロス〈P.235参照〉

1　演技的ではなくなり、世間的でもなくなる

真の経験をしてきた人が「愛」する能力を持つのですから、真の経験とは真逆に位置している演技のたぐいはしなくなります。演技は偽りだからです。

生活や仕事において演技をしないほどラクなことはありません。他人からじろじろと見られたり、他人からあれこれと評価されているという自意識の緊張から解放され、いつもリラックスした自分のままでいられます。

演技をしてしまうのは、隠さなければならないと自分が判断するものを、自分が持っていると思っているからです。これは実に滑稽《こっけい》なことです。なぜならば、自分が隠さなければならないと判断したものはまだ他人が見つけていないものだという勝手な決めつけがされているからです。また、隠さなければならないというその判断が正しいということをも自分勝手に決めつけているわけです。

人の前ではつい演技をしてしまう人は、一つの基準に合わせて生きるべきだという強迫観念のようなものを自分の内に持っているからでしょう。その人が頼りにしている一つの基準とは世間社会の価値判断です。

もちろん、わたしたちがこの社会で生きているからといって必ず世間社会の価値判断のすべてをしっかりと知っているというわけではありません。したがって、わたしたちがなんとなく思い描いている世間の価値判断とは、自分が想像した限りでの価値判断がかなり含まれていると思わざるをえません。

ということは、半分ほども妄想でしかないだろうというものをあたかも現実にあるかのように思いこみ、さらにはそれを恐れ、自分のふるまいを制限しているようなことをしているのです。それが生きづらさの原因になっているというのなら、自分の手で自分の首を絞めているという事実に気づかなければならないのです。

自分の身近な人のことについても、多くの人は想像をしすぎなのです。この人の行動の裏にはきっとこういうことがあるのだろうとか、おそらく外ではこういうことをしているにちがいないと想像することが異常なほど多すぎるのです。

すると、まさしく「心配ばかりで苦労が絶えない」人生になってしまいます。それがあたかも相手のせいであるかのように言い立てたりもします。悩みを持ちこんでくるのは自分の身近な人ではなく、悪い想像をくり返してやめることのない自分なのです。

もし、大金持ちが、来年は貧乏のどん底に落ちるかもしれないと想像をしたら、その想像の瞬間からその大金持ちは暗い日々を送ることになってしまうのは当然でしょう。

大工の家に生まれたイエスという男が大衆を前にして、「明日のことを思いわずらうな」と説教をしたのも、今から2000年前のイスラエルの人たちも今の人と同じように自分から立ち昇ってくる悪い想像に悩み苦しんでいたからでしょう。


よからぬ想像をしてやまないのは、その相手を「愛」していないか、もともと人間不信(同時に自己不信)におちいっているからなのです。

では、相手に対してよからぬ想像ばかりしている人の「愛しているから心配するのだ」という言いわけは通用するでしょうか。本当に「愛」しているというのならば相手を信頼しているということですから、悪い想像をどんどんふくらませたりはしないはずです。

そういう言いわけをする人は、自分は正しさを知っているという自負《じふ》を持っています。その正しさに相手が気づいてほしいとも思っています。また、自分との関係において相手に変わってほしいと、高みから思いこんでいる始末です。


しかし、その人の主張する正しさとやらの内容を、その本人がこと細かく説明することができないのです。なぜならば、その人が口にする正しさとは、結局のところ社会倫理とか常識のことだからです。その場合の社会倫理とか常識というものは普遍《ふへん》的なものではなく、せいぜいその地域での時代風潮や時代の世間的文化のことにすぎません。要するに、その人は相手に対して、この時代に生きる大衆の一人のようにふるまえと上から命じているだけなのです。

ですから、「愛しているから心配する」と言う人は、本当は「愛」しているどころではなく、相手を自分の支配下に置きたいという強い気持ちを（相手ばかりではなく、自分に対しても）隠しているだけだといえるでしょう。こういう関係にある親子や恋人や夫婦はそこかしこに見られるものです。

2 目的や手段を重要視しなくなる

「愛」することができるようになった人の二つ目のきわだった特徴は、目的や手段をさほど重要視しない生き方になるということです。

これとは反対に、世間の多くの人は目的や手段をとてもたいせつにします。何を始めるにしても、まず目的や目標を設定し、そこに自分が達するための計画を立て、その計画に沿った最適な手段を選ぶということをします。

何かの試験に受かるためにも、仕事で売上を伸ばすためにも、休日を過ごすときにも、そうするのです。そのようにしないとまるで何も始まらないかのようです。しかも、手段は効率のよいものでなければならないとされています。

社会も、目的と手段を重要視するようになっています。目的地に早く達するために旅情をないがしろにするほどの高速の列車を走らせ、収益という目的のために利益率の高い同じ商品を大量に売り、増益のみが最終目的ですから本業よりも税金が少なくてすむ投機に熱を入れ、政府は安易な財源獲得の手段として新しい税をどんどん増設し、人間性溢れることや非効率的なことを無駄だとしてできるだけ排除しようとしています。

これでは、目的と手段の不治の熱病にかかっているようなものではないでしょうか。

ところで、目的とか目標とはいったい何なのでしょうか。手段とは何でしょうか。それ自体で意味を持つものでしょうか。そうではないはずです。

目的や手段はたくさんある道具の一つにすぎないものです。ノウハウもマニュアルもコンピュータもたんなる道具の一種類です。道具そのものだけでは意味を持っていません。それぞれの道具が必要に応じてうまく利用されたときに初めて有用性が浮かび上がってくるにすぎません。
手段が道具の一つだというのは、誰にでも理解できるでしょう。そして、目的や目標というものもまた、道具の一つなのです。どうして道具かというと、目的や目標を設定することで、そこに向けて人を、あるいは自分を動かすための道具にしているからです。

会社が設定する年次目標というものを考えてみてください。社員たちは会社のその年次目標に向かって働くように強くうながされます。その本質は強制です。強制しなければ社員が働かないからです。社員の目的は月々の給与をもらうことであり、働くことではないと会社は見ているのです。

また、人生の目的というものを掲げる人にとって目的とは何でしょうか。やはり、そこに向かって自分をどうにか動かすための道具、つまりモチベーションとなっているのではないでしょうか。

こういうことからわかるように、目的や目標といってもその本質は、今の状況を別の一つの状態へと強引に持っていくためのたんなる道具であり、それ自体に意味などないのです。そういう無意味なものを目指して励《はげ》んでいるから、ある日ふと虚無感に襲われるのです。

ビジネスパーソン向けの雑誌類が好んで用いる「成功」という幻のような観念も同じく道具です。「失敗」という観念も道具です。誰かがある時点で独断的に決めつけさえしなければ、成功や失敗などというものはどこにも存在しないのです。それなのに、こういう中身のない観念に振り回されて嘆いたり喜んだりする人があまりにも多くはないでしょうか。観念はどこまでも観念であり、事実ではないのですから。

また、念願の目的に達しようが、世間から成功者と呼ばれてちやほやされようが、自分が本当に満たされているという深い感覚や静かな喜びが手元になければどうしようもないのではないでしょうか。世間的に成功していても心が飢えている人はごまんといるのです。その心の飢えを満たすのは「愛」の他にいったい何があるでしょうか。金銭で手に入れられる享楽《きょうらく》(商品化されている娯楽、必ず時間と場所の制限がある)や贅沢は心を満たしはしません。

もちろん、必要とされるのは誰かから与えられる「愛」ではなく、自分から「愛」する「愛」です。「愛」することができるようになった人は、このことをこれまでの真の経験によって身にしみて知っているわけです。したがって、「愛」することのできる人たちは、最初から目的や手段といったことは考えず、ただ「愛」するだけで自分に深い喜びをもたらしているのです。

だから、自分の目に映るものを目的や手段に分類してから攻略しようとしている人とは、世界の見え方がまったくちがっているのも当然のことなのです。

3 新しい知覚を持っているために楽しみの範囲が広がる

誰かを「愛」することが新しい知覚を持つようなものだというのは、相手にあらためて新しい意味や美や価値を発見することができるからです。それは、「愛」そうとはしない他の人にはまったく見えてこないものです。多くの哲人は「愛は創造的である」と書いていますが、それはこういう意味なのです。

したがって、自分が「愛」する相手に見出すさまざまな美や価値は、世間にすでにある価値基準や感性などには少しも沿っていないものとなります。そして、範囲もずっと広く豊かなものなのです。

たとえば、病気や障碍《しょうがい》のある犬猫はペット市場ではとうてい売る価値のないものでしょう。しかし、その個々の犬猫を「愛」する人の目には別の美やかわいらしさが独自の個性として見えてくるため、ぜひとも共に暮らしたい同伴者になるのです。

こういうふうにして「愛」するとき、人は赤ちゃんのようになっています。というのも、自分の前にある物事、状況、相手をその現状のままに喜んでいるからです。自分が何か得をしたという理由から喜んでいるのではありません。また、自分が関わったことによる相手の反応がすばらしいからといって喜んでいるのでもありません。ただ、そこにあるがままのことを喜んでいるのです。

これは、徹底した現実の受容です。生のまるごとの肯定です。それが幸福と呼ばれているものです。

一方、自分が不幸だと感じている人は何につけても否定することがとても多く、喜ぶことがきわめて少ないものです。さらに、現状を肯定するどころか、認めもしない傾向があります。だからいよいよ不幸になって喜びから離れていくという無限ループに落ちこんでいるのです。

4　さまざまな価値基準をあらかじめ持たなくなる

「愛」することで新しい創造的な感性を持つにいたった人は、世間の人とは別の喜ばしい世界に生き始めたといえます。

つまり、「愛が世界を変える」といったところで、今の世界の様相に物理的な変化を与えるというのではありません。自分にとっての世界の見方が変わるのです。それは遅かれ早かれ、自分の人生を変えてしまうことになるでしょう。

自分があらかじめ固まった価値基準を持っていたとしたら、あるいはその価値観に安住している場合、その価値基準からはずれた他人がどうしても容認できなくなるように、その分だけその人を排除する傾向が大きくなり、「愛」する可能性が少なくなるのは当然のことでしょう。したがって、本当の近代化も民主化もされないまま世間の共通の価値観を受け継いだ人だけで固まって大小のクラスター世間を形成して暮らそうとする因習が濃く残る日本では、身分、職業、人種の差別が生まれてきたのです。

そういうクラスター社会に住む世間人は、相手が仮にクラスター内の人であっても本当に「愛」するということが少なくなります。なぜならば、その人間自身を見るのではなく、その人の血統や係累、財産、思想などの属性を点検して自分のクラスターレベルにふさわしいかどうかを決めるからです。

もし本当に自分が「愛」を知っていた場合であっても、暮らしの中で他の世間的なクラスターに住んでいるような人間と安易に同調するような状態をずっと続けて馴《な》れてしまうと、また彼らのように「愛」のわからない人になってしまいます。そこに、群れて生きること、すなわち付和雷同《ふわらいどう》して生きることの危険性があります。

ちなみに、誰が「愛」する能力を持っている人なのかどうかは観察によって見分けることが可能です。ただそれは、自分が「愛」する人になっていた場合のみです。これは、他人が真の経験をしているかどうかを、真の経験をしている人だけが敏感に察知できるのと同じことです。

「愛」する人のすべてを知ろうとしない

わたしたちが「愛」する能力を深く身につけるようになると、相手に対する態度、接し方などが、世間でよく見られる仕方とはずいぶん異なってくるようになります。

その大きな特徴はだいたい次のようなものになります。

● これまでとはちがって、相手のすべてを知ろうとしなくなる。

- 相手と共に現在を生き、真の経験をする機会が増える。
- 何事についても無理に言葉に置き換えて理解しようとはしなくなる。
- 自他をなくして同じことをする。
- 相手の奥できらめいている人間そのものを体験する。

自分が「愛」する相手のことをより深く知りたいと思うのは、わたしたちの心に湧いてくる自然な欲求です。これは誰しも思いあたることでしょう。だからといって、相手をあれこれ詮索《せんさく》するならば、それは大きなあやまちになりますし、相手は土足で踏みこまれたような感じがして不快に思ったり、痛みを覚えたりするでしょう。

相手を知るというのは、自分にはこれまで見えていなかった面、たとえば相手の秘密を発見しようとすることでもないし、相手がまだ明らかにしていない過去をほじくり返すことでもありません。

それなのに、交際相手でも親でも、「あなたのことをもっとよく知りたいから」とか「本当に愛しているからすべてを知りたい」という理由を持ち出してきて、何もかも知りたがる人がいるものです。それは「愛」することとは関係がなく、相手を素手で雑に解剖《かいぼう》していろいろ評点をつけて遊ぶような暴力でしかありません。

そういうことをしない人でも、自分の中に湧いてくる「相手を知りたい」という思いが次のどちら側の「知」であるかをしっかり意識していたほうがよいでしょう。「知りたい」という気持ちは、二つの知のどちらか一方に流れがちだからです。

その一つ目の知とは、何かを対象としてとらえ、一般的に仕組みや前後や因果がわかるという意味での理解の「知」。または、発見や暴露によってもたらされる「知」です。もう一つのほうの知とは、二人の溶けあいによる経験から生まれる「知」です。

この二つの知は、知ろうとする側のまったく異なる態度から生まれてきます。

先の理解の「知」とは、論理や道理という形式に入る範囲でのわかり方のことを言います。この典型は学ぶことができる知（これを形式知とも呼ぶ）です。理解型のこの知は社会での経済活動などに直接的に役立ちますから、教育機関の学習でもっぱら訓練されているわけです。

もう一つの「知」は教育機関では学ぶことのできない知（これを暗黙《あんもく》知※21とも呼ぶ）です。こちらは体験からのみ身についていく知であり、この知のほうが範囲がずっと大きく、わたしたちの生そのものの基礎となる力を持っていますし、現実の倫理や感性を育てるのもこの知のほうです。

この知は、コミュニケーションにおいて、感性が必要となる芸術作品を目にするとき、センスが問われるとき、物事や道具をその人なりの感性でうまくあやつるときなどにその力を発揮します。

たとえば、モネ[※22]の後期の連作絵画『睡蓮《すいれん》』や『大聖堂』を鑑賞し、その作品群の題材や周囲の制作事情について理解の知を使うことはできます。評論家やキュレーターのような人たちが口にできるのはその理解型の形式知の表現による説明だけです。

しかし、感性的な知を使うならば、その絵の世界に深く入っていくという感動の経験ができるようになります。そういうふうに自分が深く入っていくならば、それを客観的に説明するのがほぼ不可能になってしまいます。なぜならば、自分がそこへ入っていくのは個人的な、特別な人生体験だからです。

だから、「愛」する相手の中にある人間そのものをそのつど体験できるけれども、他人

※21 暗黙知（Tacit Knowledge）とはハンガリー生まれの科学哲学者マイケル・ポラニーが提唱した概念の名称で、無意識的に全身の経験によってのみ得られる感性的な知のこと。いわゆる「勘」もまた暗黙知である。この暗黙知を言語でくわしく説明することは不可能である。

※22 モネ→クロード・モネ（1840〜1926）はフランスの印象派を代表する画家。作品は『草上の昼食』『かささぎ』など多数。

に説明できるような形式知のレベルでは理解できなくなるのです。言い換えれば、この体験は言語表現の許容量をはるかに超えているのです。

感性的な「知」を発揮し、相手中心の態度を目指す

さきほど説明した知についての二つの態度は、その向きが真逆になっています。

相手に対して理解の知を向けるときの態度は、必ず自我中心となります。一方、感性的な知を発揮して相手に対するときの態度は相手中心となります。

自我中心の態度とは、自分の知識と理解の範囲内におさまる程度での相手の部分しか視野に入れず、自分に見えてきたその部分だけを相手の全体と決めつけ、それについて自分があたかも神のような審判者として判定するということです。

自我中心の態度とは反対に位置する相手中心の態度とは、何も相手のみが中心となるというわけではなく、相手と共に自分が全身で生きる態度です。このとき、自分は相手と共

にする体験に溶けていき、いつしか自分自身のことは忘れ、自我は消えうせてしまうようになります。

たとえば、人間ではなく犬を相手にしたときにもこれが起こりえます。喜びをせいいっぱいに表して走る犬と一緒になって自分も野原を駆けまわるときの状態がそれだからです。そして汗だくになって、犬と並んで蛇口からほとばしる冷たい水をガブ飲みし、顔を見合わせて笑う。

このようなとき、わたしたちは世界の中にいて世界を体験し、その世界の中にある生の喜びを体験しているのです。楽しいことばかりではなく悲しむべき事態のときであっても、世界の中の生の体験であることには変わりありません。どちらも真の経験としての「愛」がその中心にあるからです。

ただし、その状態がいつも維持されていくというわけではありません。自分の気持ちのありかたや体調によってそこにはおのずから濃淡が生まれるので、真の経験から離れた自我中心の状態になることもあります。

ところで、理解の知のみで物事を見る人は、そういう相手中心の体験にどのような意味、あるいはどのような生産的価値があるのかと問うでしょう。彼らは文字で書ける程度のことしか感じとれないし、また、意味や価値も自分が評価して決めるのだという自我中心の病にかかっているため、そこに問いを置くのです。

一般的に人生の意味や価値を問う人も同じです。人生を何か時間的かつ物理的にまとまったものであるかのようにみなし、評点をつけたがっているのです。自分がすごした日々の現実についてあらためて意味を探し求め、分析や解析《かいせき》を行ないたがる人はいったいどういう人でしょうか。少なくとも、不安な人がそうするのです。

どうして不安かというと、相手と溶けあわなかったからであり、そこに自分を置きながらも自分の素直な心を置かなかったからであり、あるいは演技をしていたからなのです。要するに、自分を偽っていたのです。

そのように自分をその場で偽る人は案外と多いもので、相手に自分の幻像を見せることが習慣化してしまうと、恋愛のまねごと、あげくのはては結婚のまねごとをするようになってしまいます。仕事のまねごとをする人すらいるくらいです。

彼らはみな、こっそり他人のまねをするか、お手本を見出せない人はノウハウに頼ります。すると結局のところ、自分の人生を生きず、他人の人生をまねながら生きることになってしまうのです。そしてまた、そういう人たちがあまりにも多いからこそ、ノウハウが売れるという時代になっているわけです。

そんなふうに不安しか生み出さない偽りの生き方をするよりも、自分の素直な感性でありのままに生き、素直に「愛」するほうがずっとラクだし、日々がそれぞれに味わいのちがう真の経験になるというものです。

その生き方こそ、人間としての自分の魅力を輝かせることになりますし、相手の人間的魅力を発見していく人になれるのです。

ものの見方や考え方の狭さが「愛」する能力を奪っていく

この世には、わたしたちの「愛」する能力の成長を静かに阻害《そがい》してくるものがあります。その特徴をここに述べておきます。つまり、わたしたちが避けるべきものの特徴です。

それは、あらゆる意味での狭さです。狭い見方、狭い考え方や狭い方法論は人の素質や能力の芽をその暗い狭さの中に閉じこめてしまうから、「愛」の能力の成長をおしとどめてしまうのです。

それら狭いものは、「〜についてはこうでなければならない（こうであるべきだ）」という形で教えられたり、知らされるときもありますし、誰にも共通している常識的価値観として習慣的な行動として見せられるときもあります。

学校での教育も、考え方を狭くしがちな方向性を持っています。日本の官制の学校教育では正答は一つだけという考え方をするからです。また、学校教育で教えられる倫理観はその時代の政治体制の方向性に沿ったものにすぎないのですが、それは生徒たちの考え方とふるまいを、そして実は展望や可能性をも、明らかに狭くしています。ところが、狭い方法論をありがたいと思う人がこの世にはたくさんいるのです。

たとえば、何かよいものに向かう道、あるいは最高峰《さいこうほう》に達する道は、必ず狭いはずだと思われているばかりか、信じられているくらいです。

だから、仏教で悟った人はほんの数人ほどであり、それぞれの芸の名人や達人も数えるほどしかいないと思われているわけです。何事においてもピラミッド型の頂点というものがあり、そこに達して立つ人は一人とか二人くらいだという考えにしがみついているようなのです。そういう考えから、競争や選抜がどの分野にもあって当然のこととされ、そのトップにいる人は格別の価値があり、高い報酬を得て当然とみなされているのです。

そういうふうに円錐状の序列で構成される世間のシステムはあらゆる組織においてはも

ちろん、いたるところにあり、多くの人がそのシステムを当然のこととしています。そればかりか、自分自身はその序列の中あたりから上には位置していると勝手に思いこんで、現状に甘んじている人が掃いて捨てるほどいるという状況です。

彼らは、世の中には決まりきったものが確固としてあり、そこを崩してはならないと思いこんでいるようです。たとえば、これぞ正しいという挨拶や礼儀や生き方といったものが昔からちゃんとあって、伝統となっていると思われているわけです。あたかも、すべてに純粋の規格があるかのように。

しかし、そのように信じこんで生きるのは、7歳頃からうつむいた状態でずっと生き続けるようなものではないでしょうか。顔が下を向いているからジャンプをしたこともなく、太陽も星も雲も鳥も見たことがないような人生です。

そんなふうでは、「愛」する能力の芽はちぢこまったままになってしまいます。そもそも、自分というものがどこにもいなくなってしまいます。そのままだと、存在しているのはこの自分ではなく、組織や集団の裾野《すその》にいる一員としての名前のあるヒトだけです。

ヒトではあるものの、組織にとっては部品です。部品はいつも部品としてだけ形式的に処理されてしまいます。このような状態は、はたして「生きる」ということでしょうか。

自分を生きることは「愛」すること

人生をつらいと感じるのは、わたしたちそれぞれの能力の不足であったり、境遇とか不運のせいであったりするわけではありません。

わたしたちが人生において一つの道、一つの定まった方法しかないと決めてかかり、その道、その方法しかないと信じるからなのです。だから、大勢の人がふつうな顔をして歩いているその道から自分がはずれているのではないかと違和感《いわかん》を覚えたり、意地悪な他人から指摘されると痛みを感じるのです。

しかし、その道はしょせん世間の道にすぎません。見かけだけ舗装《ほそう》された公道であり、自分の足に合わせた道でもないし、自分が切り開いた新しい道でもないのです。そんな道を、多くの人の後ろ姿を見ながらとぼとぼと歩くのが自分の人生だとでもいうのでしょうか。

なぜ、狭いものに向かおうとしたり、狭いものに価値があると思いこんだりするかというと、多くの人が、欠乏《けつぼう》価値に支配されてしまっているからです。欠乏価値に支配されるとは、あれが足りないこれが足りないと考え、その足りないように見えるものを実際以上に価値づけてしまって欲望をかえって強くするという、反射的な心の動きに負けてしまうということです。

豊かさがよいと思うから自分自身の中身を豊かにしようというのではないのです。見かけのよい他人が持っているものが豊かさのシンボルに見えてしまい、それと同じものを自分も欲しがるというわけです（これは低次元のモチベーションです）。

ちなみに、商品の宣伝に有名な美女たちを起用するのは、人のこの心理を商人たちが経験側から熟知しているからです。この手法にまんまとだまされることは、支配欲を持つ他人からコントロールされることを意味しています。

わたしたちに本当の「愛」が必要なのは、自分なりに「愛」することによって、まったく誰にも、どんな組織体制にもコントロールされることのない世界を創出《そうしゅつ》できるからです。その世界とは既成の世間ではない世界であり、自分が創造する砂山のような新しい環世界なのです。

そして「愛」することは、他の誰とも似ていないこの自分をしっかりと生きて、真の経験を重ねていくことです。そういうふうに自分を生きることを上回る喜び、幸福をいったいどこに見つけることができるでしょうか。

次は、「愛」する能力を育てるために、わたしたちの生活のどこをどのように変えていったらいいのかということを述べます。

第6章

「愛」する能力の育て方

現代社会で失われていることを取り戻す

どんな人にも生まれつき「愛」する能力の芽があるわけですが、その芽を成長させていかなければ、実際に「愛」する能力として働きません。

自分の「愛」する能力をすこやかに成長させていく助けになるのは、だいたい次のようなことです。

①自分の感性を初期化し、世界をすなおにとらえなおす
②没頭の経験を多く持つ
③何も考えない時間を持つ
④独りで丹念《たんねん》に生きるための時間を持つ

これらはどれも、強欲な資本主義経済社会から強い影響を受けざるをえない現代の騒がしい生活においてほとんど失われていることばかりです。言い換えれば、失われているか

らこそ、わたしたちは「愛」することに困難を覚えてしまうのです。

次からは、これらの説明をしていきます。

1　自分の感性を初期化し、世界をすなおにとらえなおす

多くの人は、世界を、他人を、そこにあるままに見ていると思いこんでいます。しかし実際には、世界や他人のそのままを見るということをしていません。何かを目にしたとたん、すぐさま自分の頭の中にある像、観念、記憶を見始めるのです。

道に落ちている硬貨を見たとしましょう。そのとき、わたしたちはたんに丸い金属を見たと思うでしょうか。そうではないはずです。その硬貨の金額価値を考え、先を歩いている人が落としたのかと疑い、拾ったら自分が得をするかどうかなどといったことを瞬時に考えているのではないでしょうか。

つまり、何かをそのまま見るということをしないで、ただちにそれが今の自分にとって有用か無用か、関われば得をするか損をするか、役立つかどうか、危険かどうかといったふうに、自分との関係性のみを見始めるというおかしなことをするのです。

それだけではありません。今の自分が見たものと似たものについての過去の記憶を同時

に見始め、急に感情を動かしたりもするのです。この場合、視線はもっぱら記憶やその印象のほうに向いていて、現在そこにあるものをそのまま見てはいないのです。

人の眼はカメラのレンズではありません。眼は脳の一部であり、脳と連携しているため、網膜に映っていないものまで見ることができるのです。このため、人間は幽霊、怪物、神、悪魔などを見ることすらできるわけです。

人間のこの妙な認識の仕方について日本で真っ先（おそらく世界で最初）に気づいたのが13世紀に生きた禅僧の道元《どうげん》※23という人で、道元はその有名な著書『正法眼蔵《しょうぼうげんぞう》』※24の中で「世界とは、自分の中にあるものをそこに配列して並べたものである。それを人は世界だと思って見ている」（私訳）とはっきり書いています。

人間はそこにあるものをすべてそのままに認識するわけではなく、自分の見たいものを見て、さらにそれを自分の関心や感情に引きつけて再配列しているのです。したがって、認識とはいうものの、本当はそれぞれ自分の内面を見ていることになります。

だから、他人と同じものに目を向けていても、その眼差しを向ける人の中にすでにあるもの（これまでに経験してきたこと、学習や経験によって得た知識、生々しい記憶、今の時点で気になっていること）によって、とらえるものがちがう、印象がまったくちがってくるということが起きるのです。

世界とはそこにある事実であるはずなのに、人は自分の頭の中だけにあって今の事実とはまったく関係のないものを世界のメインの姿と思って見て、自分の心を波立たせているというわけです。


たとえば、ある女性は「男性から性的対象として見られるのが嫌だ」と言います。しかし、彼女を性的対象として見つめる男性たちは、よりによってその女性だけを特別に性的対象として見ているわけではありません。彼らは同時に、自分の中に漠然とした輪郭《りんかく》で存在している性的対象としての女性像の容姿をも見ているわけです。

また、男性たちの視線を嫌がるその女性にしても、性的対象としての自分という像をみずからの頭の中に見ているからこそ、男性たちの視線に嫌悪を覚えるわけです。

その女性がたんに、見知らぬ男性がこっちのほうを見ているというふうにとらえただけなら、嫌悪は湧いてはこなかったでしょう。しかし、他人の視線を見たときに自分の頭の

※23 道元（1200〜1253）は鎌倉時代初期の京都の生まれの禅僧で、日本の曹洞宗の開祖となり、現在の福井県にある永平寺を建てた。
※24『正法眼蔵』は道元が23年かけて書いた書物。未完。悟った者が悟ったそのときに接する世界認識のありようが中心に書かれている。

中をも見たから、嫌悪を覚えたのです。
したがって、その嫌悪は視線を注いでくる現実の男性にのみ向けられたものではありません。自分の頭の中に見えている像や記憶にもたっぷりと向けられたものなのです。

このような認識の仕方とその人なりの頭の中のちがいのために、恋愛や人間関係においてしばしば問題の種になるようなことが起きます。

その一つは、自分が交際しているのは、現実にそこにいる相手そのものではなく、半分以上は自分がこれまで頭で想像してきた相手の像なのだということです。そのことにいつまでも気づかないでいると、ある日突然に相手がちがって見えてきたり、相手が大きく変わってしまったと思うようになるわけです。

相手と親しく交際していたとしても、やはり相手をそのままに見るということはめったにしないものです。相手の言葉や動作に自分が反応する場合でも、自分の頭の中で像となっている相手と混ざった相手に反応しています。

物理的に離れていて相手のことを思う場合は、さらにそれが大きくふくらみます。そしてSNSなどの通信機能を使って相手に文字だけで連絡しているときはなおさら、その相手は自分の中にいる相手の像になっているのです。だから、意図的に通信相手を誤解させてだますことがいっそう簡単になります。

恋愛も含めた人間関係の面倒くささの原因には、認識のこういう誤解や錯覚だけがあるのではありません。その誤解にさらに互いの自己肯定感や承認欲求が加わって、もっと複雑になってしまいます。ですから、人間関係はこのうえなくやっかいで、気疲れもすることになるわけです。

わたしたちが動物に癒《いや》されるのは、この面倒くささがないからでもあるでしょう。そして、動物の認識は人間のように屈折《くっせつ》はしておらず、ストレートだからでしょう。動物は目の前の事実にしか反応しないからです。

では、認識がストレートなのはいかにも動物的であり、野蛮《やばん》なことなのでしょうか。そんなことはないでしょう。決して野蛮なことではないし、認識がストレートになったら今よりもずっと生きやすくなるはずです。だとしたら、わたしたちもまた、犬や猫のように認識をストレートにしていいのではないでしょうか。

認識をストレートにせよ、ということは実は古代からさんざん教えられてきました。たとえば、イエスは「明日のことを思いわずらうな」と人々に言い、ゴータマ・シッダールタ（尊称はブッダ）は「煩悩《ぼんのう》を棄てよ」と言ったのです。

この「思いわずらい」も「煩悩」も、頭の中で行なわれるやかましすぎるおしゃべりや明滅《めいめつ》する無数の映像のことです。これら現在の事実ではないものを思いきって棄てさりさえすれば苦しみは少なくなると紀元前からずっとくり返し教えられてきたのです。しかし、現代になってもなお、古人《こじん》の言葉の意味を深く探ろうともしない人々はこれをちっとも実行せず、えんえんと悩み続けては苦しんでいるわけです。


さて、イエスは人々に祈ることをたびたび勧めました。しかしそれは、「信仰しろ」という意味ではありません。祈りとは、瞑想の一つのバリエーションなのです。祈るときには、さまざまな思いを乱舞させてやまない心を鎮《しず》めるからです。

この瞑想という方法はまた、直接的に認識をストレートにすることができます。なぜならば、瞑想という文字の通りに、それは「想いを瞑《くら》くする」ことだからです。つまり、自分の中に湧いてくる雑多な思いをなくしてしまうということです。

世間では、瞑想をして悟れば神秘的な境地に達して聖人のような別人格になれると勝手に想像されているらしいのですが、そのようなことは断じてありません。

ごちゃごちゃだった認識を棄てて現実だけを目にしたときの衝撃があまりにもすごいの

で、それが神秘的に感じられるだけなのです。その驚きは、これまで泥《どろ》の中で暮らしていたのに、急に透明な水の中に放たれた魚の驚きのようなものです。

2 没頭の経験を多く持つ

この瞑想というものは認識をストレートにして世界を見る方法なのですが、何も禅僧たちが古代から伝えてきた「坐る」形だけが瞑想ではありません。体に障碍があって坐れない場合でも、誰でもできる瞑想の方法が身近にあります。

それは、没頭することです。一つのことに強く集中するのがその入り口です。祈りはそのミニチュア版でもあります。あるいはまた、一心不乱《いっしんふらん》になることです。何に集中して没頭するべきかということは別に問題になりません。自分で何かを行なう、しかもそれに没頭するだけでいいのです。

これを簡単だと思う人もいるでしょうし、難しいと考える人もいるでしょう。実践する前にあれこれ考えても何の実りももたらしません。ただ、行ないさえすれば、認識がストレートになって生きやすくなるだけなのです。

しかし、手がける事柄はいちいち神経を使わなくてもいい単純なもののほうが没頭しやすいでしょう。たとえば、うっすらと汗ばむ程度の単純な作業です。また、目的を目指さずに散歩しても没頭できます。

風景を前にしても没頭することができます。草花や虫を見て没頭することもできます。絵画を鑑賞して没頭することもできますが、都会の美術館というのは周囲にたくさんの他人がいるので没頭の環境としてはあまりよくないでしょう。

3 何も考えない時間を持つ

とにかく、今までのようにあれこれ考えたりしない時間を持つようにすれば、それが一種の瞑想への入り口になるわけです。

そのためには独りでいること、静かな環境に身を置いていること、ただしその間はすべての電子機器のシャットダウンが必要になります。携帯電話が鳴ったらすぐに出なければならないような立場ではこれができなくなります。

また、たまたま恵まれた環境が静かであっても、自分の心が騒いでいてはどうしようもないわけです。心を鎮めるには、あれこれ考えたり心配したりしても現状に変化をもたらさないというあきらめを持つしかないでしょう。この「あきらめを持つ」とは何かを断念するということではなく、事実をそのまま事実として認めるという単純なことです。

ところが、これができない人が少なくないのです。その人たちは、いつも自分の脳の中でやかましく踊っている像をじっと見つめているのです。母親が不良の子どもをかばって、「この子に限ってそんなことはしない」と言いはるのもその典型でしょう。その母親の頭の中では自分の子どもの幼い頃がまだえんえんと映写されているのです。

また、自分のすることは他人がしているのと同じように見えはするが、実はもっと重要で意味が深いのだと思っている人も同じたぐいです。事実を見ていないのです。

妄想を棄て、あきらめを正しく持つためには、いくら自分が考えていようとも、いくら自分が心配していようとも、事態はなるようにしかならなかったという過去の数々の経験を思い出してみるのもいいでしょう。

それから、物事の移り変わりを自分の思いで操作できるという考えは、あまりにも思い上がった考えであること、また、勝手な望みや自分につごうのいい願いがかなったりするのであれば、それは物理法則をくつがえすことでしかないのをよく実感することです。

一方、ふだんから古典などの書物を読む習慣のある人は心を鎮めるのが容易でしょう。なぜなら、自分の心が騒々しいと、どんな本も内容を正しく理解して読むことができないからです。読書習慣があるということは、自分の心を静かにすることができる人だということを意味しています。そういう人は、本を読まない人とは異なって、どこか「泰然《たいぜん》とした」雰囲気を持っているものです。つまり、その人の心の状態が外に現れているわけです。

4　独りで丹念に生きるための時間を持つ

「愛」することの土台となる真の経験をするためにも、集中や没頭は必要となります。集中すべきだといっても、一日のすべての事柄に集中しなければならないというわけではありません。まずは何か一つのことを集中して行なうようにすればいいのです。すると、集中や没頭や一心不乱がどういうものであるか、実感でわかるようになります。

もっともいいのは、集中することを強く意識して集中するようにするのではなく、いつのまにか集中してしまっていて、あとになってから「すっかり没頭していたなあ」と自覚できるような状態です。これを一度経験すると、次から容易に没頭できるようになります。

自分が本当に没頭していたかどうかをチェックするのは難しくありません。経過した時間の量を忘れていれば、没頭していたということです。一心不乱にまで達していれば、時間の他に場所までわからなくなります。つまり、ふと顔をあげたときに、自分がどこにいるのかとっさにはわからなくなる状態です。

こういう集中は、経験するほどに増えていくようになります。

集中や没頭をくり返すとどうなるのか

「愛」する能力を育てるために集中や没頭が必要だというと、何か特別な集中力のことだと誤解されかねませんが、そういうことではなく、たんに物事に集中したり、没頭したりするということです。だから、誰でもできます。というより、どんな人でも集中や没頭なしでは何事もまともにできないはずです。

ふだんの仕事をするときも、料理や掃除をするときも、人の話を聞くときも、集中せずには満足にできないものです。電話は特にそうですし、頭脳を使うタイプのゲーム全般は集中し続けないと負けてしまいます。

何にたずさわっていてもかまわないのですが、とにかくそのときには集中すること、その集中がもっと濃くなって没頭してしまうことが肝心《かんじん》です。結果としてそれが効率を上げ、自分の能力をさらに高くするからです。

そのような集中、没頭の状態を、それが強くとも弱くとも、とにかくいくどもくり返しているうちに、あることがはっきりと体感できるようになります。それはふとしたときに起きる、自分と対象が溶けあってしまうという感覚です。

そのとき、自分と対象の間にいっさい距離がなくなります。自分が何かをしているという感覚もすっかり消えうせてしまい、ただ物事が自然になめらかに動いていることだけが自分に感じとれている状態になります。

その最中は、自分が対象と溶けあっているということが意識できません。その溶けあいの状態から浮上するように現実に戻ったときに初めてわかるだけです。そして、経過した時間と自分のいる場所がすぐにはわからなくなっています。

この没頭が続いている間、自分を意識していることはほとんどありません。自分もまた溶けて全体となっているような感じです。この感覚については、これまでさまざまな言い方で表現されてきています。それは、部分的な意味も含めて、次のようなものです。

「自己溶解」「集中」「没我《ぼつが》」「無我」「忘我」「無心」「自己超越」「真の自我」「真人《しんじん》」「法悦《ほうえつ》」「至福《しふく》」「恍惚《こうこつ》」「エクスタシー」

ちなみに、現代人がよく会話に用いるようになった承認欲求という用語を最初に使ったアブラハム・H・マスロー※25はこれらを、宗教的な至高体験をした人のきわだった特徴だと、その著書の多くに書いています。

しかし、宗教にまったく関わりのない人であっても、これらの感覚は物事に没頭することによっていくらでも経験できます。あるいはまた、ふと自然の風景の一部に心奪われたとき、ただ見つめていることしかできず、いつしか自分がその風景にさらわれてしまったとあとから感じるのもこれです。

「愛」することは溶けあいそのもの

相手と溶けあうということが、「愛」することに関係しています。というのも、「愛」す

※25 アブラハム・H・マスロー→アブラハム・ハロルド・マスロー〈P.237参照〉

ることの中心は溶けあいそのものだからです。

とはいうものの、「愛」を定義することはできません。なぜなら、「愛」は言葉による説明を超えている行動だからです。生や命や死を定義できないのと同じです。もしも定義できるのなら、「愛」を定義で覆う言葉のほうが大きいということになってしまいます。

それはともかく、まともな「愛」がそこにあるのならば、溶けあいが必ず見られます。自分が溶けて、さきほどまでの確固とした自分がいなくなってしまうのです。

これについては認識の小さな実験をすることができます。

たとえば、「る」という文字を紙に書き、それを間近で見つめます。すると、最初のうちは「る」というひらがなに見えているだけです。ところが、何も考えずに視野全体に「る」が広がるように見つめ続けているうちに、それは一つの模様になり、その模様もやがて別の何かわからないものになっていき、そのうちに自分が広大で不思議な時空間に降り立ったようになります。

さらには自分が何かを見ているという感覚がなくなり、ずいぶん前からこの静かな惑星に棲《す》みついているように思えてきます。

最初に「る」を「ru」と発音すべきひらがなに見ていたのは、自分の視野にあるものを選んで解釈するという通常の知的な認識をしていたからです。自分が外界のものを対象として認識するのですから、能動主体としての自分がちゃんとあったわけです。

しかし、自分の頭をそういうふうに働かせないようにして見つめ続けていると、自分というものの輪郭がはっきりしなくなり、見ているものとの距離がなくなってしまう次元へと移ってしまったわけです。自分が溶けて吸収されたからです。

誰かを「愛」するときも同じようなことが起きます。相手を充分に受け入れていると、つないだ手の境い目がはっきりしなくなるのです。あたかも自分に語りかけるように相手に語りかけることができるのです。

そうなると、他の人の目（認識）がとらえることができないものを相手の中にたくさん見ることができます。しかも、それが日々の新しい発見となるのです。さらに、そうして発見したものを好き嫌いや世間の常識で分けないようになり、ついには相手のすべてを肯定するようになります。

こうなると、地理的に離れている場合でも、相手がそこにいるかのように感じていられます。相手が死んだとしても、離れ去ったという思いがないのです。悲しくもありません。まして、天国へ旅立ったなどとは考えません。いったん溶けあったことがあるため、その溶けあいの感覚は自分から分離せず、そのため相手はいつもここに「愛」する相手として存在しているのです。

自分が「愛」すると相手も「愛」してくれる

通常の認識というのは、対象の中から自分と関係する部分を選んで点としてとらえ、その各点について自分のつごうや立場に合わせて価値判断の処理をすることにほかなりません。つまり、ピンポイントでつかむことしかできないマジックハンドによるほんの小さな部分のつまみ食いのようなものです。

一方、ストレートな認識を持つようになると、相手のうちからいくつかを選んでそれだけを好むということはしなくなります。そのままの相手をすっかり受け入れるのです。保護された犬や猫が、飼い主になろうとする人の背が低いからという理由で飼われるのをいやがらないのと同じです。

具体的には、相手とともに時間のすべてを生きていくことになります。相手をまるごと理解し、どんなこともその人らしさとして喜ぶ。人生で必ず起きる痛みや苦しみをも相手とともに人生のそのつどの価値として味わっていくのです。

では、なぜ痛みや苦しみが避けるべきものではなく、かえって人生の味わうべき価値になるのでしょうか。痛みや苦しみもまたフルコース料理の順番にしたがった一品《いっぴん》一品のように人生を豊かに構成している欠かせないものであるし、それらを一つずつ受けとめる限りにおいてソースや香辛料以上に意味あるものとなることを、すでに相手をすべて受け入れるという経験から充分に知っているからなのです。

だからこそ、「愛」する人にとっては、相手も人生もおもしろいものになるのです。そういう「愛」がないと、人生はつらく退屈なものになってしまいます。あるいは、休みも許されない激しい競争ばかりの戦場のようになってしまいます。

ストレートな認識で「愛」するのは単純に「愛」するだけのように思われるかもしれませんが、決して単純ではなく、人間の深みに入る「愛」し方です。

世間的な愛は、平板《へいばん》的に愛好することです。平板的な見かけの美しさが愛好されるから、人は化粧をし、着飾り、見栄を張り、学歴や職歴をひけらかすのです。そういう愛で関係を始めるから、関係が生まれてから相手の素顔や内心に驚くわけです。

本当に「愛」する場合は、その人自身を対象にします。どのように飾っているかではなく、どのように考え、どのように反応し、どのように行動するかを目にするのです。たとえていえば、平板ではなく、相手を縦《たて》に掘っていくように見るのです。

すると、相手の可能性（自己実現性）まではっきりと見えてきます。これはとても興味深いものです。子猫の手足が大きめなのを発見して頑健《がんけん》に成長するのだと前もってわかるようなものです。そして、自分がそのように「愛」すると、相手もまたそのように「愛」してくれるものです。どんな人間にしても、鈍感なバカではないのです。こちらから真をさし出せば、真を返してくれるのです。


しかし、このような姿勢がことさら高尚《こうしょう》な生き方だというわけではありません。ただ、「愛」する生き方は誰にしてもこういうふうになるということです。高尚かどうかなどというのは、他の場合との比較や相対を前提にしたうえでの世間的な価値判断です。「愛」するという行動は、そういった価値判断を棄ててしまった地点から初めて始まるのですから、他の態度と優劣や上下をつけて判断されるものではないのです。

第7章

「愛」するためのソリチュードの生活

独りで丹念に生きる練習
～二日間、外に出ずに一人で生活する～

相手を「愛」するために、独りで生きる練習は欠かせないものでしょう。

なぜならば、まず自分をしっかり「愛」して生活することができなければ、ましてや他人を「愛」することなどできないからです。しかし独りで生きるとは、みんなから孤立するとか、ひっそりと寂しく孤独に生きるという意味ではありません。

わかりやすくするために英語を使いますが、孤独とはloneliness《ロンリネス》です。しかし、ここでいう「独りで生きる」と表現された場合の独りとはsolitude《ソリチュード》のことです。このソリチュードとは、一人でいながら少しも寂しくなく、かえって自由で充実している状態です。

ロンリネスのほうはまさしくネガティヴな意味での孤独のことであり、いろいろと不自由を感じ、充足もしておらず、たえず誰か自分の相手になる人を欲しがって外ばかり見ているような心の飢えの状態を意味しています。過去に自分一人でいたときの心情を振り返ってみれば、そのどちらにあてはまっていたのか自分がよく知っているはずです。

ここでいう独りで丹念に生きる練習とは、せめてたった二日間だけでも外に出ずに一人で生活するということです。その生活の内容と意義は次のようなものです。

- 炊事（手間と時間の短縮のためにあるインスタントやレトルトの食品類を使わず、すべて手作りにする）や掃除、洗濯などを自分で行ない、たった一人の生活であってもいかに複雑で時間がかかるものであるかを知る。しかも丹念に行なってこそ、まともな生活がようやく成り立つことを実感する。
- さまざまな作業をすることで小さな自己実現を体験する。
- 生きるために必要なことをしている間、集中する感覚をつかむ。また、集中しなければ、家事の一つもまっとうされないことを理解する。
- 妄想やごまかし、ゲームなどでは生きていけないというあたりまえのことを知る。
- 仕事など社会的な用にごまかされないから、自分の身体の存在がふだんよりも意識されるようになる。同時に、自分の五感がいつもより敏感になっていることを知る。
- 静けさの中にいること、感情が動かないでいることの快感を知る。
- 坐って何も考えない状態でいられるようになることを体感する。

●身心を休め、あらたに力を得る。

この二日間は、もちろんパソコン、電話などの通信機器、ゲーム機、音楽プレーヤー、テレビなどを利用しません。自然の音と生活音の中でのみ過ごすのです。

すると、時間がいつもよりはるかにゆっくりと流れるようになります。同時に心が安らいできます。もっと穏やかになると、心がなくなり、むなしくない無にひたされたような感じになります。

一日目：自分自身を解放してあげる

さて、ソリチュードのこの二日間が「愛」することとは何の関係もないように思われるかもしれません。しかし、すでに説明したように、これは「愛」するための基本の練習なのです。その第一段階として、自分自身を「愛」する練習をするのです。

ふだんのわたしたちは社会の中で働き生活しているわけですが、それは規則や節度をどうにか守りながら自分の役割を演じているようなものです。本当の自分というものを外に出すことはめったにありません。

それがある意味で生きづらさの一因となっています。だから、まず独りになって自分自身を解放してあげるのです。それがソリチュードの二日間です。

自分を解放するのだから、ずっとやりたくて我慢していたことをやってみたいという人がいるかもしれません。それこそ自己の解放だというわけです。だとしたら、実際にそれをやってみればいいのです。おそらく、すぐに手が止まるでしょう。あるいは、これはちっともやりたいことではなかったと今さら気づくでしょう。

この「本当にずっとやりたくて我慢していたことがある」という言い方や表現は、「今すぐにこの仕事を投げ出して、この場から立ち去りたい」という気持ちの巧妙な言い換えだからです。それはたんに自分への言い訳であり、自分に嘘をつくことなのです。

本当にやりたいことがあるのならば、とうの昔にそれに着手していたはずなのです。何もせずに遠くの幻を見つつ、あそこに行ってみたいとは言いつつ、誰もが結局は今の自分がやりたいことをやっているだけなのです。

その二日間、自分だけで静かに過ごしているうちに、そのこともはっきりとわかってくるでしょう。自分がいかにちっぽけな存在であり、炊事や掃除など簡単に見えていたことすら満足にできないことにも早々に気づくでしょう。

この経験をしただけでも、三日目に社会に出たときに、もろもろのサービスをする人を軽く見たりしないようになるはずです。また、プロフェッショナルに見えない人が本当はプロフェッショナルだったということもわかるはずです。

静けさの中でいやな記憶や思い出がありありとよみがえってくることもあるでしょう。そのときは自分を一メートルくらい上から見おろすような感じで、「この人は思い出しているんだな」とあっさり認めるようにします。

そういうメタ認知[※26]を行なって遠くから自分を客観的に見やるようにしていると、嫌な思い出は薄れて消えていきます。なるべく、後悔や反省もしないようにします。それをやると、感情が猛威《もうい》をふるってしまうからです。

食器を洗い、掃除を終えたら何も考えないようにして坐って休み、ひとしきり休んだら洗濯など次の用事をします。自分の体も洗います。時間をかけて歯を磨きます。独り言も口にしないようにします。

坐るときは部屋の中央に位置するようにします。そうして、そこが世界の中心の山頂だと思うようにします。窓から陽光が射していてそれほどまぶしくないのならば、その陽光の中に半分ほど体を入れて陽の温もりを感じます。

坐り方はあぐらでも正座でもかまわないし、椅子に腰かけてもかまいません。ただし、背は伸ばすようにして、顎《あご》を引きぎみにします。もちろん、何も考えないことです。とにかく、この二日間だけは頭を働かせることをすっかりやめてしまうのです。

風が強くないならば、窓を開けて風に乗ってきた草木の匂いを嗅《か》ぎます。しかし、窓から外の騒がしさや街の音が入ってくるのなら、窓は閉めたほうがいいでしょう。この二日間だけでも社会の騒がしさから遠ざかるためです。

そのようにして過ごしていると、なんだかふだんとちがう感覚を知ることになります。その感覚とは、自分がすっかり満ち足りたような感じ、あるいは幸福な感じです。というのも、つねに現在の一つの事柄に自分を集中させた状態でいるからなのです。

哲学者アラン※27もこのことをよく知っていて、次のように書いています。

※26 メタ認知とは自分の今の認知の仕方を理解し、その認知をコントロールできる高次の認知の仕方。自分に対する客観的な認知。
※27 アラン↓エミール＝オーギュスト・シャルティエ（1868～1951）はフランスの哲学者で、哲学の体系化を嫌った。著書は『幸福論』『藝術論集』など。

…かなり困難な行為に注意力を残らず注ぎ込んでいるひと、そのひとは完全に幸福である。自分の過去や未来のことを考えてしまうひとは、完全に幸福であることはできない。…要するに、自分のことなどけっして考えるべきではないのだ。

(『プロポ1』山崎庸一郎訳)

だから、いつも鏡で自分を点検するように見たり、その日の仕事や会議に自分なりに点数をつけたりするような自意識の強い人はいつまでたっても幸福にはなれないのです。

一方、幸福といったことすら考えることもなく、今自分が手がけていることにのみ熱中している人こそ幸福なのです。本人は自分の幸福などについてこれっぽっちも考えていません。ただ、ひたむきに事柄にあたっているからです。

その意味で、夢中すぎてよだれをたらして遊んでいる幼児も、すぐそこに這いまわる羽虫を見つけて夢中になって前脚でじゃれている子猫も、輝く至福の中にいるのです。

二日目：自分の能力を使い、自己実現の喜びを知る

さて二日目になると、家事や、坐って何も考えないことなどが初日よりも要領よくやれるようになるでしょう。それは、慣れ始めたからではありません。今まで使っていなかった自分の能力をうまく使えるようになったからです。自分の能力のその目覚めこそ、自己実現の最初の一歩なのです。

ところでこの自己実現という用語は、ビジネスパーソンの間では能力の最大限の発揮によるビジネスの成功、あるいは壮大な夢の実現とからめて盛んに語られているようです。しかし、それはビジネスのフェイクファーをまとった多くの詐欺師たちが生み出した真っ赤な嘘にすぎません。

成功というあいまいな概念を持った言葉はさまざまな場面で安易に使われていますが、たどりついた最終の場所としての成功というものは現実のどこにも存在していません。たとえ成功が商売の繁盛《はんじょう》のことだとしても、その繁盛は必ず衰えていくものだからです。

まして、成功はふつうの物事の進行過程のたった一点でしかないのです。そういう刹那《せつな》的なものを目標だとか大きな喜びだとするような感性はやはり狂気じみています。

自己実現とは、自分の欲望、特に金銭的欲望や名誉欲を満たすことではありません。それらが混ざりあった身勝手な「夢」を実現させるということでもありません。アブラハム・H・マスローが創案した原語 self-actualization からわかるように、自己実現の本来の意味は、自分の感性から身体までのさまざまな能力を発揮して自由に使える状態にしていくことです。だから、のびのびと遊んでいる猫や子どもたちこそ、まさにこの自己実現の喜びをあますところなく体現しているのです。


自分を「愛」するとは、自分をたいせつにすることであり、その自分の能力を自分に使わせて自己実現することです。同じように、他の人にそっと自己実現の機会を与えてあげるのは他人を「愛」することになります。自分自身をないがしろにしたままで、もっぱら特定の他人のみを「愛」するということはありえません。まず自分を「愛」せない人は、他人をも絶対に「愛」せないのです。

自分のために使える能力があるのならば、それは他人のためにも使えるのです。その「愛」する能力が使われるときこそ、身心に満ち満ちる本当の喜びが生まれてきます。自己実現と「愛」と喜びは手をつないで、お互いを行き来しているのです。

愛という言葉を売り文句のようにいくら口先に乗せていたとしても、あらゆる意味で他人をがんじがらめに縛ってその人の自己実現を阻害した状態にする人が現実にいます。

そういう人は「おまえを愛しているよ」と耳元で甘くささやきます。あるいはまた、「おまえだけを愛している」とか、「この愛は本物だよ」などと言います。しかし、一人の相手だけにしか向かない不器用な「愛」というものはどこにもありません。「愛」は自然の光のようなものであり、誰の上にも射しこみます。人を分けへだてすることなど不可能なのです。

だから、「おまえだけを愛している」というのは嘘であり、その本音は「おまえに執着して命令してやるから、したがえ」ということです。もちろん、それは決して「愛」することではなく、相手をひどい苦しみに追いやる暴力でしかありません。

年齢に関係なくそういうことを、ずっとふつうに行なってきて、何の疑問も持たずに「これがわたしたちの愛の生活なのだ」と誤解している恋人同士や親子関係はうんざりするほど多いものです。

世間にしたがってではなく、自分にしたがって生きる

社会では「○○らしさ」を求められることがしばしばあります。「学生らしさ」や「男（女）らしさ」といったものの他に「日本人らしさ」、年齢に見合った「らしさ」なども求められます。また、企業の社員に、その企業風土に合った「らしさ」が求められることもあります。

しかし「らしさ」を求めたり、「らしさ」を期待するということは結局のところ、各個人のふるまいや思考に透明の強い枷《かせ》をはめることであり、それによって各個人の自己実現を阻害しているともいえるわけです。型通りの生き方や「らしさ」を求めるのは誰かというと、それは世間です。そして、その世間の求める「らしさ」のたっぷりある人間になったところで、別に何かをもらえるわけではありません。どこにでもいる人間だと見られるだけです。

また、「らしさ」を押しつけられ、その「らしさ」になんとか自分を合わせようとする

人生はやはり重く息苦しいものです。だから、そういう生き方から脱するために、世間からきっぱり離れて、独りの時間を持つ必要があるのです。

それは自分を救うことでもあるのです。


ソリチュードの二日間を終えて、またいつもの生活に戻ると、そっくり二日前の自分に戻ったという感覚はないでしょう。周囲は以前のようですが、自分自身が少し異なってしまったとわかります。そして、何か冷たい水のようなものが体の中心に残っているような感じがするでしょう。

それは二日間の真の経験によって出会った自分の静けさです。それが自分の内部の芯《しん》に坐っていると感じられます。そして、その外側にいろいろ世間的なものがべたべたと貼りついて、ふだんの仕事で他人に見せている社会的な自分となっているとわかるのです。

しかし今は静かな芯を持っていると自覚できたわけですから、なるべくその芯をこれからもっと太く頑丈《がんじょう》にするようにして生きていけばいいのです。具体的には、世間にしたがってではなく、自分にしたがって自分の能力を使って生きるということです。

その報酬は満足と感謝と幸福です。それは、溶けあって「愛」する力を持ち始めた人に自然に与えられる報酬です。

読書でソリチュード的な時間を過ごす

一度だけでもソリチュードの生活をしてその心地よさを覚えると、ふだんの生活の中にもソリチュード的な時間を持ちたくなるものです。それは簡単に手にすることができます。本を読むことです。

取り扱い説明書の文字を読むことでもなく、書類や資料を読むことでもなく、雑誌やネットのニュース記事を読むことでもなく、マンガを読むことでもなく、広告文を読むことでもなく、書物を読むことです。

現代では本を読むのは知識をインプットするためだという主張があるようですが、それは物事を一面的にしかとらえられない愚かな人の考えです。そのような人たちは、一つのことには一つの固定的な意味しかないとあまりにも単純に考えているのです。

書物というのは、何かに役立てる知識だけが記載されている道具ではありません。人が内容を自分の力のみで読みとり、そこからあらためて深く考え、自分の人生を別の目で見始めるというところまでが読書というものです。

このように説明すると本を読むことは簡単なように思われるでしょう。しかし、本を読むことはそれほど容易ではありません。使われている言葉や用語を正しく理解しなければならないし、論理の運びもつかめなければなりません。

また、すでに指摘したように、とにかく静かな心をあらかじめ自分の中に持っていなければ一頁すら理解して読むことは不可能なのです。一冊の本を読むためには、さらに次のような条件が整っていなければなりません。

●社会から少しでも離脱していられる場所と時間

これが確保でき、かつ、誰からも邪魔されない状態であれば本が読め、そのことがそのまま小さなソリチュードになります。

●本が読めるという自由な状態

肉体的にも精神的にも自分に自由がなければ、本は読めません。そのために自立している必要があり、自立のためには仕事（あるいは自分以外の人を助けたりする活動）がどうしても必要です。そして初めて自律が可能になります。

●予断や先走った判断をしない自分でいること

何にでも性急に結論や価値を求めようとする性格や癖では、トータルで長い時間がかかる読書はしにくくなります。もちろん、ダイジェストや要約本を読むのは本来の読書ではありません。

●生活のさまざまな経験をしていること

頭脳の理解力だけでは本は充分に読めません。自分自身が人間生活のさまざまな経験をしているという土台があってこそ、書かれていることが実感として理解されるのです。

●ある程度の忍耐力

本を読むといっても、それはある特定の人間の話をじっくり聞くことと同じです。だから、忍耐力が必要になります。とはいうものの、面倒な本をたまにはじりじりしながらも我慢して読んでいくことで自然と忍耐強くなるものです。

読書が必ず自分にもたらしてくれるものとして、集中力があります。ただしそれは、一冊の本を最後まで読み通した場合にだけ自分の身につくものです。
この集中力は今後の仕事や人間関係に生かすことができます。もちろん、ソリチュード的な生活をする場合にも役立ちます。

集中力があるということは、どんなことをするにしても最後まで貫徹《かんてつ》できる力を持っているということでもあります。また、広い意味での読みとりの力も身につきます。他人の言葉や表情から本心を読むことができるようになりますし、「愛」する人の中にある能力を読みとることもできます。この読みとり能力こそ、いわばコミュニケーション能力の基本となっているのです。

本を読むことでいろいろな分野の用語や表現を知るわけですから、自分が使える語彙《ごい》も飛躍的に増えます。ということは表現能力が高まるということです。それは、この現代にあって自分の生命力を強くすることに直接つながってきます。

くり返しになってしまいますが、娯楽のために書かれた本を読むならば、これらの効果はあまり期待できません。なぜならば、娯楽の本の中身が世間そのものだからです。せっかく世間から離れた状態になっているのですから、頭の中に世間の騒がしさを入れてしまってはソリチュードではなくなってしまいます。

自分から「愛」すれば事態は変わる

ためしに一度でもソリチュードの生活をすると、確実に自分が変わることがわかります。というのも、本来の自分の能力が目覚めるからです。その目覚めは連鎖《れんさ》を呼び、これからの生き方が新しくなります。そして、だいたい次のような変化が自己の内にはっきりと認められるようになります。

●新しい物事を手がけるのが容易になる。
●手がけること自体が、真の経験をするという意味で実りになり、事態を変える（世間の価値観とはまったく異なる価値観を体験する）。
●すべてをそのまま受容することが「愛」への第一歩だとわかるようになる。
●静けさを好むようになる。
●自分の心、すなわち内的世界のありようは、自分が外的世界にどう関わるかによっていることを体験で知るようになる。

人間に備わった能力である「愛」を発揮させるために、ソリチュードは一つの身近なチャンスとなります。

しかし、他の事柄に向かう場合のチャンスであっても同じですが、そのチャンスをみずからつぶしてしまうことはとても簡単です。臆病になればいいのです。しかし本人は自分が臆病だと思っていないことがしばしばです。細心の注意を払って周到《しゅうとう》な準備を続けていると思いたがっているのです。しかし、その準備はいつまでたっても終わりません。なぜならば、できれば着手したくないと心の底で思っているからです。

自分を賢いとうぬぼれている人ならば、綿密に計画を立て、効率的に準備をするでしょう。しかしこの人も、怖がっているという点では先の人と同じです。そして、効率的な準備など、事前の自分の態度や努力が何か決定的な結果をもたらすと信じているのです。

どんな物事であっても、自分が手がけてみなければ何も始まりません。完璧《かんぺき》に見える手段が物事の成就《じょうじゅ》を約束したり、結果を左右するわけではないのです。

結果とか成就というのは、自分が自分の仕事を肯定できるかどうかを言い換えているだけなのです。そういう態度とは反対に、紙の上にクレヨンで親の顔をぐちゃぐちゃに描いて最高のプレゼントを制作したと満足する小さな子どもの態度は最良のお手本です。誰かを「愛」そうとする場合も同じです。

多くの人は最初から上手に愛そうと考えます。そのプレッシャーがあるから、いつまでも実際に「愛」する行為に入れないのです。上手にしなければという強迫観念があって、自分ができるかどうか不安なのです。

そういう臆病な人たちを多く生んだのは、生徒がランクで評価される官制の学校教育という制度なのかもしれません。手がけた物事に上手や下手があって客観的にランキングされるのがあたりまえという思いこみから多くの人が抜け出せていないのです。

大人になっても会社で人事評価がなされます。それはまるで人間評価のようです。落胆する人もいるし、得意げに鼻高々となる人もいます。自信をすっかり失う人もいます。

もっと悪いことに、仕事の上手下手はその人間性と関係があるという持論を語る経営者も出てくる始末です。だから、企業で倫理道徳を教えたり、心理学を応用してモチベーションを上げるための研修をしたりするわけです。こういった評価はすべてカテゴリーエラーであり、そのことに気づかない人が一喜一憂するのです。

しかし、「愛」することに上手下手などの評価はありません。それが「愛」であるならば、人々へのイエスの「愛」と、わたしたちの誰かへの「愛」は同じなのです。

ソリチュードの生活をしてみると、多くのことを初めて手がけざるをえなくなります。そうして仕方なくやってみると、すぐに一つの肝心なことがわかるでしょう。それは手がけさえすれば、なんとか形になるということです。他の事柄についても同じことで、臆病になる必要などないのです。

不安を抱えたり、あれこれ想像しながら心配をしたとしても意味がありません。ただ、自分が手がけることのみが事態を変える力を持っているのです。恋愛も同じです。自分から「愛」すれば、事態は変わるのです。その「愛」に勇気はいりません。ひっそり「愛」したとしても、「愛」であることに変わりはないのです。

新しい経験、真の経験が人生の糧になる

ところで、自分が手がければ事態が変わるということで思い出されるのは、新約聖書に記されている「良きサマリア人」と後世に名づけられた一つのエピソードです。

その概略は次のようなものです。

イェルサレムからエリコまで通じる道の途中に一人のユダヤ人の旅人が倒れていた。強盗に襲われ、半殺しにされたのだった。

最初にそこを通りかかったのはユダヤ教の聖職者だった。その人は見て見ぬふりをして通り過ぎた。

次に通りかかって瀕死《ひんし》の旅人がいるのに気づいたのは、世襲で下級祭司になったレビ人《びと》だった。レビ人も足早にそこを離れた。

旅人を救ったのは驢馬《ろば》に乗って商用の旅をしていたサマリア人だった。サマリア人はその旅人を驢馬に乗せて宿屋に連れていき、すべて自分の費用で旅人が回復するまで世話をした。

いわゆる「良きサマリア人」と呼ばれているこの有名なエピソードを、イエスは「隣人愛」を具体的に説明するものとして語っています。つまり、「みんなが仲良くし、立場や信条が異なっていたとしてもそれぞれに助けあわなければならない」という教えです。

現代のいくつかのキリスト教国家はこのエピソードを緊急時の人命救助の奨励《しょうれい》としてとらえなおし、「緊急時や災害時の救助が善意から行なわれた場合、その結果責任は問われない」という「良きサマリア人の法（Good Samaritan laws）」を制定しています。

本書では、眼前の事態への関わりの問題という面から解釈してみます。

さて、旅人が死にかけの状態でいるという事態を変えたのはサマリア人です。あとの二人は事態を変えることができたのに、それをしませんでした。その二人にはそれぞれのよんどころない事情があったかもしれないし、自分の得にならないように見える厄介事《やっかいごと》にみずから首をつっこむのはいやだと思ったのかもしれません。

また、今から2000年前の当時、サマリア人とユダヤ人は宗教上の対立[※28]から互いに憎悪する間柄でした。しかし、驢馬に乗ったこのサマリア人はその宗教上の対立をいともあっさりと越えて救助をしたのです。

つまり、眼前に起こっている事態を手がけることからわたしたちを引き離しているのは、今ここに事実として存在していない観念（この場合は宗教上の対立や差別）なのです。そういった観念や事情を含め、さらにそれぞれの立場も考慮し、いろいろ計算をしたあげく眼前の物事に着手するかどうか決めるのは賢いことなのかもしれません。しかしそれは、狡猾な人々の態度と同じではないでしょうか。

※28 サマリア人はユダヤ人と同じくヤハウェを唯一神として信仰していたが、聖地をイェルサレムではなくゲリジム山にするなど相違点があった。

けれども、あらかじめ頭の中で計算する余裕もないような事態にぶつかった場合はどうするのでしょうか。もちろん、いっさい関わりを持たないようにその場からそっと離れていくのでしょう。世間の事件を見ていると、ほとんど誰もがそうして見て見ぬふりをするために痴漢や暴行など多くの犯行が完遂《かんすい》されてしまっています。

ところがいったん自分が関わってしまえば、事態はそのまま推移していかないようになります。必ず変化を起こすのです。他の人が関わっても変化が起きます。ただし、それは他の人にとっての事態の変化となります。

それを横から眺めているだけならば、自分の人生にとっての事態はいっこうに変わらないのです。他人の人生を眺めていても、自分の人生を自分自身が生きない限り、自分の人生が始まらないのと同じ理屈《りくつ》です。

こういうことからわかってくるのは、臆病やその場での計算高さから経験しない結論にいたるよりも、経験するほうがずっと人生を豊かにするということです。しかも、それが新しい経験であるほど、また、真の経験である度合いが高いほど、自分の人生の糧《かて》になるだろうということです。

もちろん、真の経験の純度が高いほどに、その経験は自分自身に痛みやつらさも同時にもたらしてきます。それは決して否定的な側面ではなく、むしろそれもまた重要な自分の糧となることなのです。

ここにおいて、世間にはびこっている常識的な価値判断は一挙にくつがえされます。世間の価値観は単純に、苦痛やつらさを避けるべき損害やマイナスとみなしているからです。しかし実際には、苦しみがわたしたちにもたらしてくれるものはとても有益なことなのです。これは、負荷《ふか》がかえって筋肉を増強してくれるようなものなのです。

今の自分を受け入れないと「愛」は始まらない

本書の説明で知る限りにおいてソリチュードの生活はとても単純で、このうえもなく簡単なものに見えるでしょう。要するにただ独りで静かに暮らすことだからです。

しかし単純どころか、始めてみれば最初の一、二時間はどうにも耐えがたいかもしれません。こんな悠長《ゆうちょう》なことをしている場合ではないと感じるし、やらなければいけない用事を次々に思い出し、これは時間の無駄づかいにすぎないじゃないかとののしり、頭はめまぐるしく世間のさまざまなことを考え始めるでしょう。

それでもなお、なんとか耐えるうちにそこを越えることができます。すると、しつこく頭に浮かぶ世間的なことがかなり少なくなっていることに気づくでしょう。それは慣れたからではなく、自分が今の状態を受け入れたからです。自分の中に生まれたこの受容の態度こそ、今後さまざまな事態に面したときの大きな器になるのです。


わたしたちのふだんの不満についてじっくりと考えてみてください。その不満のほとんどの本質が、今の状態を受け入れたくないというものばかりです。そうは思っても今の状態がつごうよく消えるわけではありません。

また、多くの人はその今の状態が変わればいいのにと願いながら、自分からはまったく関わっていこうとしないのです。自分は眺めているばかりで、その状態のほうからなんとか変わればいいのにと考えたり、批判したりしています。

しかし、もう一つの態度はなかなか選ばれないようです。否定したり嫌ったりするばかりではなく、自分がその状態をまずは受容するという態度もあるのです。

それは仕方がないとあきらめて現状に流されることではなく、まずは事実を正面から受けとめることです。そうしてから、みずから関わっていくかどうか、態度をはっきりとさせればいいのです。

自分の仕事、自分の人生、あるいは自分の恋愛相手について不満がある場合も構造は同じです。とにかく自分がいったんはそれを受け入れることをしなければ、今後よい方向への変化が起きることはないのです。特に、好きになった相手の存在、容姿、過去といったものをまるごと受け入れ、そのままを認めなければ、その好意は、「愛」として育っていきません。

だいたいにして他人を好きになるよりずっと前に、自己愛によって自分のすべてを受け入れているのです。それなのに、相手に対してのみ門を狭くするというのならば、心が狭いのです。自分自身を受け入れたその態度を相手に向けるだけだと思えば、相手のすべてを受け入れることは自分の重荷にはならないはずです。

そういう意味で、ソリチュードの生活で最初に経験する孤独の静けさや何も考えないでいる状態をまずは受け入れるのが、その練習の第一歩になるでしょう。

自分の心の中に静けさを持ち続ける

ソリチュードの生活の中にある静けさは、自分がどんな人間であるか、これまで何に依存していたかをくっきりと浮き出させて、自分の眼前に突き出してきます。

静寂の中に坐っていると、ある特定の人物への怒りや恨みなどの感情が湧き出してくるかもしれません。あるいはまた、静かだとどうしても落ち着かなくなり、好みの音楽を聴きたくなったり、楽しい動画を観たくなるかもしれません。

そういった感情や衝動が出てきたときには、すでに説明したように、そういう感情や衝動を自分が持っているということを外から眺めるようにして認めてしまえばいいのです。それを認めずに「ソリチュードなんか来週の土日にやればいいから」と自分に言い訳するならば、来週のその二日間は永久にやってこないでしょう。

だから、いったん自分の性質や習慣を認めておき、この二日間だけはそれをしないようにします。たったこれだけのことで、今後はいくらでも自制ができるようになります。これはまた、自律の第一歩でもあります。自律とは自己コントロールのことであり、自己コントロールとは、自分が自分の身心の主人になることです。

静けさの中に自分を置くとは、ごまかしができない場所に自分を置くことです。そのようにして初めて自分がどういう人間なのか、自分に見えてくるわけです。どういう人間であっても、それはいったん認めるしかありません。認めないと、世間の騒がしさを利用して自分をごまかしながら生き続けることになります。

しかし、この静けさの中にとどまっている限り、やがて静けさに包まれている心地よさというものが体感できるようになってくるでしょう。そうしたら、日常の中に戻ったときも、その静けさを心の中に持ち続けていればいいのです。

よく考えてみてください。一冊の本を読むときにどうしても必要なものとは何でしょうか。相手の言葉を聞いて理解するときにどうしても必要なものは何でしょうか。どちらの場合も、絶対に必要なものとは自分の心の静けさです。

他人には明かせない問題を抱え、不安を詰めこんだ心を騒がせながら一冊の本を理解して読むことなど、誰ができるでしょう。自分の心が静かだからこそ本が読めるのです。

同じことが他のたくさんの事柄にもいえます。特にクリエイトしなければならない仕事の場合は、心の静けさは最低の条件になります。したがって、ソリチュードの生活を覆っている静けさは、「愛」をはじめとした自分の能力を発揮できる条件を整えていくのをうながす欠かせない基盤の役目をはたしているわけです。

終章

愛の名言集

先人の言葉から「愛」を探る

ここでは、天才や偉人、歴史上の有名人たちが書き残した愛（あるいは世間の恋）についての言葉をいくつか選び、本書の内容とシンクロナイズした理解のための説明を短くほどこしていきます。

さて、これらは年末に大量に売りさばかれるカレンダーに載せることのできるような昔ながらの世間的な名言ほどには読んですぐに理解できるレベルのものではありません。だから、一読して誰もが「なるほど」とは思わないでしょう。まして、人生経験の浅い者にはなおさらわからないでしょう。それもあたりまえのことで、この著者たちはそれぞれの人生の中からこれらの言葉を絞り出したからです。

そして興味深いのは、それぞれの著者が異なった人生を生きてきたのにもかかわらず、彼らの言葉には共通する要素が多々あります。このことはもちろん、「愛」の様相はどんな人にも共通していること、時代を越えても同じだということを意味しています。そのことは、「愛」が真理の一つだということを証明してはいないでしょうか。

愛からなされることは、いつも善悪の彼岸《ひがん》におこる。

『ニーチェ全集11 善悪の彼岸 道徳の系譜』（信太正三訳）

善悪を決めるのはいつも、法律、風習、あるいは世間的価値判断です。

しかし、「愛」するという動機から生まれた行動は、最初からそういったものとは関わりを持っていません。だから、彼岸、すなわち世間の基準の向こう側で愛の行ないがなされるというわけです。

また、ニーチェは「誰かを愛する人は、その人の隠されていた高貴な性質を明るみに出すものだ」（私訳）とも書き残しています。

他人から卑《いや》しいと見られている人であっても、誰かを愛するときは人間として高貴に輝いているのです。

フリードリヒ・ニーチェ（1844〜1900）はプロイセンで生まれたが、のちに無国籍者となって各地を旅した哲学者で、ニヒリズムの超克を説く。著書は『悦ばしき知識』『ツァラトゥストラはかく語りき』『人間的、あまりに人間的』など。

恋の情熱が満たされても、幸福より不幸がつきまとう場合が多い。…それというのも、こうした人々は、性的関係を除けば、憎たらしい、軽蔑すべき異性、それればかりか本来は嫌悪するはずの異性に夢中になっているからである。

ショーペンハウアー『存在と苦悩』（金森誠也訳）

ショーペンハウアーのこの事実を鋭く突き刺すような言葉を裏返しにしてみると、どうなるでしょうか。

モテるためには人間関係にだらしなく、性格が悪くて、行動が卑劣《ひれつ》な人間になることだとわかります。かつ、性的な魅力がなければならないのです。

そういう人間は幸福にはなれないし、おそらく仕事もまっとうできないでしょう。

それとも、若いときだけはそういうふうにして快楽をむさぼり、中年になってからまともな人間に変わるという便利なことができるのでしょうか。

アルトゥール・ショーペンハウアー（1788〜1860）はダンツィヒ（現在のポーランド）生まれの哲学者で、この世を動かしているのは盲目の「意志」だと主張する。著書は『根拠律の四つの根について』『意志と表象としての世界』など。

生命が愛から生《うま》れるのでなく、愛が生命から生れるのである。

ジンメル『愛の断想・日々の断想』（清水幾太郎訳）

社会学者のジンメルは、あたりまえのことを単純に言っています。
世間でいかにも軽く口にされる有名なフレーズ「二人の愛の結晶である赤ちゃん」という表現のほうが因果応報《いんがおうほう》的でおかしいし、事実としてまちがっているのです。
ジンメルの言い方のほうが、人間への深い敬意がこめられています。

ゲオルク・ジンメル（1858〜1918）はドイツの哲学者。黎明《れいめい》期の社会学に貢献する。著書は『哲学の根本問題』『生の哲学』など。

成熟した愛は、自分の全体性と個性を保ったままでの結合である。…愛によって、人は孤独感・孤立感を克服するが、依然として自分自身のままであり、自分の全体性を失わない。愛においては、二人が一人になり、しかも二人でありつづけるという、パラドックスが起きる。

エーリッヒ・フロム『愛するということ 新訳版』(鈴木晶訳)

主従《しゅじゅう》関係や依存関係になっている二人がどれほど愛を感じていようとも、それは「愛」ではなく、よくある愛の幻にすぎません。

しかし、流行《はやり》のテレビドラマや映画で愛の幻の数々をあたかも真実であるかのように盛んに描くから、若い人たちはだまされてしまうのです。

本当の「愛」ならば、溶けあうときもありますが、情熱に酔いはしないのです。さらに、対立するときすらあります。しかし、それでも互いに「愛」していて、対立を通してすら「愛」を強くしているのです。

エーリッヒ・フロム(1900~1980)はドイツ生まれでユダヤ系の社会心理学者、哲学者。ファシズムの心理学的起源を明らかにする。著書は『自由からの逃走』『禅と精神分析』『生きるということ』など。

感情はいかに重要なものとして理解されていようとも、心の力学の支配下におかれているのであって、そこではひとつの感情は他の感情によって追い越されたり、凌駕《りょうが》されたり、消去されたりするのである。

マルティン・ブーバー『我と汝・対話』(田口義弘訳)

まちがいをしでかす要因の一つは、自分の感情を確固としたものとみなすこと、正しい事実だとみなすことです。

そのとたん、自分がすべてを正しく判断しているという勘違いにおちいってしまい、大きくまちがい、周囲の人たちを困らせてしまうのです。

また、自分のいっときの感情を信じるばかりに、その感情こそ本当の愛の証拠だと思ってしまうのならば、まちがった相手を簡単に恋愛の対象にしてしまったりします。

マルティン・ブーバー(1878〜1965)はオーストリア生まれのユダヤ系宗教哲学者だが、ナチスによる迫害でイスラエルに逃れた。対話の哲学を特徴とする。著書は『ハシディズム』『忘我の告白』『ひとつの土地にふたつの民』など。

自分が最も愛するものを結局は神の手に委《ゆだ》ねられず、むしろいつも自身の手で弄《もてあそ》びたいと思う者は、それに対する正しい愛を抱いていないのである。

『ウィトゲンシュタイン 哲学宗教日記』（鬼界彰夫訳）

男にせよ女にせよ、相手を自分の思い通りに、または思い描いていた理想に近づけようとするのが愛することだと勘違《かんちが》いしている人は少なくありません。

それが原因で苦しむ恋愛には、「愛」は含まれていないのです。

だから、そういう人は、相手が太ったという理由で、あるいは運動が人並みにできないという理由で、見劣りがするという理由で、関係を破綻させるのです。

人を「愛」するということは、計画的に会社の経営をうまく回していくということとはまるでちがいます。それなのにすっかり混同してしまい、自分の恋愛関係をも同じ要領で成功させようとし始め、結局はだめにしてしまうのです。

ルートヴィヒ・ウィトゲンシュタイン（1889～1951）はオーストリアで生まれ、イギリスのケンブリッジ大学で言語哲学を教える。著書は『哲学探究』『確実性の問題』など。

愛と所有の陶酔とを混同してはならなぬ。そのような陶酔は、最悪の苦痛をもたらす。一般の意見とは逆に、愛はひとを苦しめるものではない。所有の本能こそひとを苦しめるものであり、それは愛とは反対のものである。

『サン＝テグジュペリ著作集6 城砦1』（山崎庸一郎訳）

自分が愛するものは人でも物でも自分のものだと考える人は少なくないものです。もちろん、それは偏執的コレクターの態度であり、愛という言葉を使いながら愛とはまったく異なることをしていると気づいてさえいないのです。しかも、愛を知らない法律家たちがすべての問題を所有の観点から経済的に判断している状態です。そのため、世の人々は法的な結論が愛においても正しいと思うようになってしまっているのです。

アントワーヌ・ド・サン＝テグジュペリ（1900～1944）はフランスの伯爵の子として生まれ、操縦士、世界的な作家であり、最後は撃墜され地中海に落下する。著書は『夜間飛行』『人間の土地』『星の王子さま』など。

愛さない人は神を知らない。なぜなら、神とは愛だからだ。

「ヨハネの第一の手紙」（私訳）

神がいると主張する人も、神などいないと言う人も、どちらもレベルは同じです。というのも、その二人とも、客観的実在としての神について意見を述べているからです。

しかし、ここでヨハネが書いているのは、先の二人が思いもおよばなかったことです。

つまり、神とは超常的な人間存在のようなものではなく、「愛」こそ、実は神と呼ばれてきたものだというわけです。神の正体は「愛」なのです。

であれば、神は「愛」しあう二人の間に確実に、しかもたっぷりと存在しているということになります。

ヨハネ（30〜100頃）はイエスの弟子の一人で、新約聖書に収められた第四福音書の著者。この手紙がヨハネからの真正のものであることは確かめられている。

罪の起《おこ》るときは信頼と愛とは充分ではあり得ない。

マイスター・エックハルト『神の慰めの書』（相原信作訳）

ふつう、悪い心が悪いことを思いつき、罪になることをする、と考えられています。では、心はどうして悪くなってしまったのでしょうか。それは、「愛」が充分でなかったからです。

自分を、そして他人を「愛」する能力を持っていれば、それだけで心は満ちたりていて、悪いことを思う隙間《すきま》もなかったはずだからです。

したがって、罪と呼ばれることをする人に必要なのは官制システムによる矯正措置《きょうせいそち》などではなく、「愛」する能力を持った人の存在なのです。

その差は、動きと声がプログラミングされたロボットの猫と本物の猫ほどの大きな差があるのです。

マイスター・エックハルト（1260頃〜1328頃）は神聖ローマ帝国（現在のドイツ）の生まれで、パリ大学で教授をしたのちに神学者として活動したが異端の宣告を受ける。著書は『神の誕生』『ドイツ語説教集』など。

単なる恋情は人間を何らかの形で盲目にするが、真の愛は人の目を鋭くするのである。

『フランクル著作集2 死と愛 実存分析入門』（霜山徳爾訳）

フランクルもまた、「愛」は人間の認識の仕方を変えると述べています。認識が変わるのですから、同時に経験の仕方も変わることになります。他の人にとってはあまりにも退屈《たいくつ》でつまらないようなことが、「愛」することができる人にはとても魅力的で美しいものになるのです。

世界のすぐれた著者のほとんどは、このことを異なった表現で語っています。というのも、彼らに「愛」する能力があったからであり、だからこそ、すぐれた本を書けたのです。

ヴィクトール・フランクル（1905〜1997）はオーストリアの精神科医で、アウシュヴィッツ収容所の体験から実存的精神療法を提唱する。著書は『夜と霧』『人間とは何か』など。

人は愛している限り赦す。

『ラ・ロシュフコー箴言集』（二宮フサ訳）

人間関係でさんざん苦労してきたラ・ロシュフコーのこの言葉にはにがい味が含まれています。というのも、このさりげない言葉の裏には、「そこに愛がなければ、人を赦すことはいっさいなくなる」という意味もしっかり貼りついているからです。

愛は甘い飾りなどではなく、人をどうにでも左右する力すら持っているのです。

フランソワ・ド・ラ・ロシュフコー（1613～1680）はフランスの王族の次に位置する公爵でモラリスト文学者。著書は現在ではいわゆる『箴言集』と呼ばれている『考察あるいは教訓的格言・箴言』『回想録』など。

ぼくは幸せな人々を知った。彼らは全一であるからこそ幸せなのだ。どんなにささやかな人間でも、全一でさえあれば幸せでありうるし、それなりに完全であることができる。

『ゲーテ全集15 新装普及版』（小栗浩訳）

ゲーテからある女性に宛てられたこの手紙はローマからのものです。ゲーテは長期間にわたってイタリアを旅行しており、そのときに目にしたイタリア庶民の生き方に感銘を受けていました。その人々に人生への愛があったからです。

そしてここにある「全一」であるとは、まったく自分として矛盾なく生きるということです。つまり、偽りのない生き方、そのままの自分を生きることです。これができるためには最低でも自分を充分に愛していなければなりません。しかし、それこそ幸福への道になっているのです。

ヨハン・ヴォルフガング・フォン・ゲーテ（1749～1832）はドイツの詩人・小説家・劇作家で、ヴァイマール公国で宰相も務める。著書は『若きウェルテルの悩み』『ファウスト』『西東詩集』など。

私たちは自分の知っているものしか愛せず、愛していないものを完全に知ることもできない。

オルダス・ハクスレー『永遠の哲学 究極のリアリティ』(中村保男訳)

確かに、「愛」することは知の一種です。誰かを「愛」そうとすることは、相手をもっと知ろうとすることです。

また、「愛」そうとしていなくても、知れば知るほど、それはいつのまにか、「愛」に近くなっていきます。

だから、身近な人を「愛」しがちになるのは当然のことなのであり、家族、友人たちと親しくして生き、そこから最初に子どもたちは「愛」の姿を学ぶのです。

オルダス・ハクスレー(1894〜1963)はイギリス生まれの著作家・詩人で、みずからにドラッグを用いて精神世界を探求する。著書は『すばらしい新世界』『知覚の扉』など。

愛というものはほかのすべての本物の価値をもったものと同じように、金で買えるものではない。買うことのできる歓楽はあるけれど、買うことのできる愛はない。

ヘルマン・ヘッセ『愛することができる人は幸せだ』(岡田朝雄訳)

どんな人でも、価値あるものを手にすることは簡単にできます。黄金やダイヤモンドを自分の手にのせればいいからです。

だからといって、それらを手にのせた人が、あるいは買った人が、一瞬にして価値ある人間に変わるという魔法のようなことは絶対に起きません。

価値には次元の異なる二種類のものがあり、一つは市場《しじょう》で高い値段がつくものです。もう一つの価値は、その人がその人であるという価値です。

その人がその人であるという場合の価値は、その人自身が自分の行ないのみを通じて少しずつ人生の中でつくりあげ続けるものです。

それをヘッセは「本物の価値」と呼んでいるのです。経歴や肩書きといった看板がどれだけ立派でも、本物の価値を持っていない人はいっぱいいるのです。

ヘルマン・ヘッセ（1877〜1962）はスイスの詩人、小説家。精神世界の深みを描く。ノーベル文学賞を受賞（1946）。代表作は『荒野のおおかみ』『デミアン』『ガラス玉演戯』など。

明日を最も必要としない者が、最も快く明日に立ち向う。

『エピクロス 教説と手紙』（出隆・岩崎允胤訳）

明日を最も必要としない人とは、思惑も、未練も、言いかけて言わなかった言葉も、約束も、期待も後悔も、持っていない人のことでしょう。

また、いつも充足している人です。この一日を生き抜いて、安心して眠りかけている人です。「今日もいい日だったな」と言える人のことです。

自分なりに人を「愛」した人です。

エピクロス（紀元前３４２頃〜２７１頃）はギリシアの哲学者で、人間の最高善は精神的な快楽だとする。書かれたものは断片だけが残されている。

愛情の本質は他者の幸福に喜びを感じ、他者の苦難を痛みと感じることだ。こうした感情は養育や保護など、愛されるものを利する行動を引き起こす。

ピンカー『心の仕組み 下』（山下篤子訳）

愛がなければ、人は命をつないでいけません。損得のみで、あるいは遺伝子の命令のみで、人は生きているわけではないのです。

ピンカーは次のような言葉も書いています。

「人が自分の子どもを愛するのは、（意識的にせよ無意識的にせよ）自分の遺伝子を広めたいからではなく、愛さざるをえないからだ」

スティーブン・ピンカー（1954〜）はカナダ生まれのアメリカの実験心理学者で、人間の言語や心は生物進化してきたと主張する。著書は『言語を生み出す本能』『暴力の人類史』など。

至高経験者は、いっそう愛に満ち、いっそう受容力に富むようになる。したがってまたより自発的で、正直で、無邪気になる。

A・H・マスロー『創造的人間 宗教・価値・至高経験』（佐藤三郎・佐藤全弘訳）

至高経験とは、自分をなくするほど没頭し、そのときに時間と場所を忘れてしまい、世界の全体とすっかり溶けあってしまった経験のことです。

動物はそういう経験を毎日のようにしているはずです。幼児もまた、しばしば至高経験をしています。大人はこれから一度か二度、その経験ができればいいほうでしょう。

しかし、「愛」することに自分の全身が染まる一瞬があるならば（その一瞬は自分で予感も意識もできませんが）、どんな人であっても至高経験のほうから急に訪れてきて、世界が完全であることを教えてくれるのです。

アブラハム・ハロルド・マスロー（1908〜1970）はユダヤ系ロシア人移民としてアメリカで心理学者となり、心理学の枠を越えて自己実現や至高経験を研究する。著書は『完全なる人間』『人間性の最高価値』など。

他者にたいする関係ばかりではなく、自己自身にたいする関係もまた愛を前提とする。

ベルジャーエフ『孤独と愛と社会』(氷上英廣訳)

ふだんから自分をたいせつにし、自分によいものを与えることをしていなければ、他人にとってよいものが何かということすら、いずれわからなくなります。

つまり、まずは自分を相手にして「愛」する練習をしていなければならないのです。まともな食事をとること、充分に眠ること、心を静かにする時間を持つこと、自分をいたわること、自分を責めないこと、自分を守ることなどです。

これらは自殺を防ぐことにもなるのです。

ニコライ・ベルジャーエフ(1874〜1948)はロシアの哲学者で、反共産主義者となってパリに亡命し、それぞれの人間はミクロコスモスだと説く。著書は『歴史の意味』『ドストエフスキーの世界観』など。

最上のタイプの愛情は、相互に生命を与えあうものだ。おのおのが喜びをもって愛情を受け取り、努力なしに愛情を与える。そして、こうした相互的な幸福が存在する結果、おのおのが全世界を一段と興味ぶかいものと感じる。

『ラッセル 幸福論』（安藤貞雄訳）

哲学者でもあった数学者バートランド・ラッセルのこの文章の中で、きわだっていて、かつ重要なのが、「努力なしに愛情を与える」という部分です。

本当に相手を愛するならば、努力も、技術も、コツも不必要であり、自分の仕方そのままで相手を愛すればいいのです。

愛するのにベストな方法などないのです。相手もまたベストな方法のみで愛してくれと要求しているわけではありません。お互いにお互いの仕方で愛する、たったそれだけのことで幸福が生まれるのです。

バートランド・ラッセル（1872〜1970）はイギリスの数学者・哲学者で、政治運動家でもあり、ノーベル文学賞を受賞（1950）。著書は『哲学の諸問題』『自由への道』など。

おわりに

本当に「愛」する能力を身につけた人はどのように変わるのでしょうか。

まずは、以前と比べて、時間が少し遅く進んでいると感じられるようになります。これはソリチュードの生活によって自分の内心が静かなことが多くなったため、かつてよりずっと深い集中ができるようになり、そのため何か物事を手がけている最中の時間がぐんと濃密になって、相対的に時間がのろのろとしているように感じるからです。

だからといって、作業効率が良くなり、一日により多くの仕事をこなせるはずだと期待しないほうがいいでしょう。何かを手がけている間の集中の度合いは確かに高くなるのですが、その合間に独りで何も考えずにいる「冷えた時間」がどうしても必要になるからです。

ところで、日常の中でこっそりと人知れずに独りの冷えた時間を過ごすというのは、トルコのイスタンブールで人々が時折ぼうっとした時間を持つケイフ（Keyif）の習慣に似たところがあるのかもしれません。

本当の意味で「愛」するとは、自分を「愛」するように他人をも「愛」するのですから、自分が二人いるように感じるときもあります。また、相手の立場をあらかじめ想像したうえでの同情ではなく、真の同情ができるようにもなります。

本書でも説明したサマリア人の態度を思い出してください。彼は瀕死の被害者を目にしたときに、「腸のちぎれる想いに駆られ」（新約聖書翻訳委員会の訳文）たのですが、これは真の意味で同情していたからです。つまり、このサマリア人は「愛」することのできる人だったのです。

そういう状態で聖書や、『正法眼蔵』などの仏典を読むと、今までとはまったくちがって、あたかもその場に自分がいるかのように読めますし、そこに書かれている言葉の意味がしみじみと胸に入ってくるように感じられるようになります。つまり、読んで頭で理解するのとは次元のちがう受けとりができるのです。すると、非論理的でしかないと思われた表現がまさしく本物の表現であり、自分も同じことを経験しているとわかるのです。

「愛」することができるとは、そのたびに真の経験をしているということですから、他人が本心から言っているかどうかが、以前よりは察知しやすくなります。それは、視力が良くなって、澄んだ水と濁った水を一目で見分けられるようになることと似ています。また、動物がいつも真の生き方をしていることもおもしろいほどにわかります。

恋愛についていえば、テレビドラマのようにたびかさなる不安と激しい情熱に満ちたものにはならないでしょう。二人でいるだけで安心と満足が与えられます。とりたてて言葉がなくても、二人の間に悪い妄想が立ち上がるということもありません。ずっと穏やかな音楽を聴いているような快感と安らぎが生まれるようになります。

しかし、このような説明の表現はその人によって異なるでしょう。異なっていても、「愛」を知っている人ならば、そういう表現を生んだ感覚がよくわかるものです。

ところで、私は本書を著わすことによって、自分にとって一つの大きな解釈を得ました。それはイエスの言葉「狭き門より入れ」です。この「狭き門」とは「愛」することを意味すると、今は確信できるのです。

白取春彦

［新装版］おわりに　愛することは大きな知性の働きの一つ

本書の新装版発行にあたり、「愛」することについてのわたし独自の見解の一端をここに述べておこうと思う。

わたしは、知性には大きなものと小さなものの二つがあるとみなしていて、「愛」することは「大きな知性」に分けられる働きの一つだと考えている。

では、知性とは何か。わたしが知性と呼ぶのは、何がどういうふうであるか認識する力やその認識から判断する力の全体のことだ。

大きな知性と小さな知性というこの区別は、知性が働くときの範囲の広さだ。狭い範囲でしか有効ではないならば、その知性は小さい、と区別する。

一般的に、高等教育機関の試験に受かるような人は「高い知性を持っている」とされているだろう。しかしわたしは、試験に受かるレベルの知性は小さい知性の一つとみなす。なぜならば、それはある分野における狭い範囲でしか有効ではない知性だからだ。だから、その知性は生活の他の場では役立つことはそれほど多くはない。
一方、「愛」することは大きな知性の働きだとわたしはみなす。「愛」することはほとんどどんな場、どんな機会においても有効だからだ。また、「愛」することによって、何かを排斥することはなく、むしろ逆に多くのものを包みこむことができる。だから、知性の働きの場がとても広いことになる。

社会で必要とされているレベルの知性は、人の間に必ず排斥や疎外、優劣の順位を生み出してやまない。なぜなら、この小さな知性はそれが働く範囲において価値の上下、意味の大小を発生させてしまうからだ。

政治、制度、法律などもまた社会で必要とされている知性から生まれたものだが、その制度や法律などは、結局のところ、高い塀《へい》で囲まれた頑丈な枠組みをつくり、その中に入れる属性の人だけをまともな市民とすることにほかならない。そこに、物理的、心理的な、排斥と疎外が生まれてくる。

どういう国家体制にしたところで、こういう構造になってしまう。というのも、どんな制度、法、体制、文化であろうとも、それらはつまるところ小さな知性から生じた観念にすぎないものであって、しょせん観念でしかないものに現実に生きている人間があてはまるはずもないからだ。

また、そのように小さな知性から生み出された制度、法、体制、文化などは、狭い範囲でのみ有効とされる価値観を無数に生み出し、人々に植えつけるようになる。植えつけられた価値観はやがてその人々が住む場の倫理となっていき、時代の風潮までもつくり、それがその地の人々のいわゆる常識や世界観となっていく。

そのようにして疎外と人間の優劣の順位を生み出して人々を苦しめた法の一つとして有名なのは日本の優生保護法（一九四八〜一九九六）だろう。この優生保護法にしたがった医師たちは「不良な子孫の出生の防止」を目的として少なくとも2万5千人以上に不妊手術をほどこしたとされる。

民主主義を含め、どんな国家の体制を形成している知性であってもひっきょう小さな知性にすぎないため、他の国家に対して互いに排斥、疎外しあう。これが限度を越えると戦争が引き起こされる。

ちなみに、戦争という地獄の中でも大きな知性は目に見える形で働いている。その一つが「国境なき医師団」（一九七一〜）だ。そこには、大きな知性の一つである分けへだてのない愛が現実に働いている。

社会の経済活動の中で働いている知性はもっと小さなもので、かつ単眼的だ。というのも、その知性は利潤を追求する目的にひたすら向かう方向性しか持っていないからだ。

したがって経済活動で働く知性は、自社と他社の商品のちがいを際立たせる、差異を明らかにする、という商品の差別化に主に使われる。商品の差別化ばかりか、商売を効率化するために消費者の差別化をも行なう。

そして、商品の売り上げがある程度大きくなると、利潤の追求だけ、数値の拡大化だけが行なわれる。つまり、もっぱら投資や投機だけを行なう企業になっていく。そのときにはすでに、人を救うという意味を持つ古語の経済（経世済民《けいせいさいみん》）の働きはどこにも見あたらなくなってしまっている。たんにエコノミーという酷薄なシステムのみである。人間はそのシステムに仕える持続性の低い道具としかみなされないのだ。

では、さまざまな小さな知性のぶつかり合いの中でわたしたちは翻弄されるだけのみじめな存在にすぎないのだろうか。社会的にはそうである場面が多いだろうし、私的にはそうではない可能性がある。というのも、私的な生活の領域で「愛」することを行なえば、そこには大きな知性が働くことになるからだ。

たとえばそれぞれの人に数人は親しい人々がいるのは、意識的ではないにせよ、「愛」

するという大きな知性を働かせて自分の生活を生きているからだ。親しい人の言動を大目に見たり、仕方ないじゃないかと言って赦したり、手伝ったり、分けあったり、笑いあったりするのが大きな知性の行ないに含まれるものなのだ。

その「愛」する態度が社会的に広まれば、実際に世の中がすっかり変わるだろう。

セーフティネットが制度として備えられていてもそれが小さい知性から生まれている以上、機械的で冷たいものでしかない。しかし、より多くの人が「愛」するという大きな知性を働かせれば、社会全体がそのままセーフティネットになるだろう。そのときには、薄い期待をこめてリーダーと呼ばれる政治家などいなくなるだろう。階層などの順位づけが無意味になっているからだ。

さて、こういった大きな知性の存在をさまざまなたとえ話であらゆる角度から教えてきたのが古くからの宗教書ではなかったのか。

しかしながら、その宗教書が述べていることを各宗教はつまびらかに伝えてこなかった。なぜならば、宗教関係者が小さな知性の働きばかりにかまけて、その宗教団体の運営や経済的拡大ばかりを追求してきたからだ。その結果として、古くからの宗教はもはやカルトと見分けがつかなくなっている。

宗教においてもっとも大事な点はうやうやしく儀式を行なうことではない。人間にとって何が本当に必要なことかをあからさまに伝え広めることだ。それは、「分けあえ」「仲よく暮らせ」「赦せ」ということでしかない。これが「愛」することの内実だ。

この三つのことをあたりまえのように実行できたとき、わたしたちはようやく人間になれるのではないだろうか。他の動物がすでに行なっていることを、人間という動物はまだできないでいるのではないだろうか。

二〇二四年一二月

白取春彦

主な参考文献

阿部謹也『「世間」への旅 西洋中世から日本社会へ』筑摩書房 2005年
A・H・マスロー『創造的人間 宗教・価値・至高経験』佐藤三郎・佐藤全弘訳 誠信書房 1972年
A・H・マスロー『人間性の最高価値』上田吉一訳 誠信書房 1973年
アラン『プロポ1』山崎庸一郎訳 みすず書房 2000年
アラン『幸福論』神谷幹夫訳 岩波文庫 1998年
アリストテレス『ニコマコス倫理学(下)』高田三郎訳 岩波文庫 1973年
アルフォンス・デーケン『人間性の価値を求めて マックス・シェーラーの倫理思想』阿内正弘訳 春秋社 1995年
アンドレ・コント=スポンヴィル『ささやかながら、徳について』中村昇・小須田健・C・カンタン訳 紀伊國屋書店 1999年
アンドレ・コント=スポンヴィル『哲学はこんなふうに』木田元・小須田健・C・カンタン訳 紀伊國屋書店 2002年
伊藤亜紗『目の見えない人は世界をどう見ているのか』光文社新書 2015年
『ウィトゲンシュタイン 哲学宗教日記』イルゼ・ゾマヴィラ編 鬼界彰夫訳 講談社 2005年
ウィトゲンシュタイン『論理哲学論考』野矢茂樹訳 岩波文庫 2003年
エーリッヒ・フロム『愛するということ 新訳版』鈴木晶訳 紀伊國屋書店 1991年
エーリッヒ・フロム『よりよく生きるということ』小此木啓吾監訳 堀江宗正訳 第三文明社 2000年
『エピクロス 教説と手紙』出隆・岩崎允胤訳 岩波文庫 1959年
『オスカー・ワイルド全集3』西村孝次訳 青土社 1988年
オルダス・ハクスレー『永遠の哲学 究極のリアリティ』中村保男訳 平河出版社 1988年
『オルテガ著作集6 哲学とは何か 愛について』生松敬三・荒井正道訳 白水社 1970年
金子晴勇『愛の思想史 愛の類型と秩序の思想史』知泉書館 2003年

カント『実践理性批判』波多野精一・宮本和吉・篠田英雄訳 岩波文庫 1979年
『ゲーテ全集　新装普及版』全巻 潮出版社 2003年
『サン＝テグジュペリ著作集6 城砦1』山崎庸一郎訳 みすず書房 1986年
ショーペンハウアー『存在と苦悩』金森誠也訳 白水Uブックス 2010年
ジンメル『愛の断想・日々の断想』清水幾太郎訳 岩波文庫 1980年
スティーブン・ピンカー『心の仕組み 下』山下篤子訳 ちくま学芸文庫 2013年
スピノザ『エチカ(下)』畠中尚志訳 岩波文庫 1951年
スピノザ『神・人間及び人間の幸福に関する短論文』畠中尚志訳 岩波文庫 1955年
道元『正法眼蔵』全巻 石井恭二注釈・現代訳 河出書房新社 1996年／1998年
『ニーチェ全集11 善悪の彼岸 道徳の系譜』信太正三訳 ちくま学芸文庫 1993年
日高敏隆『動物と人間の世界認識 イリュージョンなしに世界は見えない』筑摩書房 2003年
ヒューム『人性論』土岐邦夫・小西嘉四郎訳 中公クラシックス 2010年
V・E・フランクル『人間とは何か 実存的精神療法』山田邦男監訳 岡本哲雄・雨宮徹・今井伸和訳 春秋社 2011年
『フランクル・セレクション1 時代精神の病理学 心理療法の26章』宮本忠雄訳 みすず書房　2002年
『フランクル著作集2 死と愛 実存分析入門』霜山徳爾訳 みすず書房 1961年
『ブッダのことば スッタニパータ』中村元訳 岩波文庫 1984年
ヘルマン・ヘッセ『愛することができる人は幸せだ』岡田朝雄訳 草思社 1998年
ベルジャーエフ『孤独と愛と社会』氷上英廣訳 白水社 1975年
マイケル・ポラニー『暗黙知の次元 言語から非言語へ』佐藤敬三訳 紀伊國屋書店 1980年
マイスター・エックハルト『神の慰めの書』相原信作訳 講談社学術文庫 1985年
マックス・シェーラー『ルサンティマン 愛憎の現象学と文化病理学』津田淳訳 北望社 1972年

マルティン・ブーバー『我と汝・対話』田口義弘訳 みすず書房 1978年
ヤーコプ・フォン・ユクスキュル『生命の劇場』入江重吉・寺井俊正訳 講談社学術文庫 2012年
『ヤスパース マルセル 世界の名著75』山本信責任編集 中公バックス 1980年
『ラッセル 幸福論』安藤貞雄訳 岩波文庫 1991年
『ラ・ロシュフコー箴言集』二宮フサ訳 岩波文庫 1989年

[著者紹介]
白取春彦（しらとり・はるひこ）

青森市生まれ。ベルリン自由大学で哲学・宗教・文学を学ぶ。哲学と宗教に関する解説、論評の明快さに定評がある。主な著書に、ミリオンセラーとなった『超訳 ニーチェの言葉』のほか、『頭がよくなる思考術』（ともにディスカヴァー・トゥエンティワン）、『ニーチェもやっていた賢人の瞑想術』（宝島社）、『行動瞑想「窮屈な毎日」から自由になるヒント』『哲学者たちが考えた100の仮説』（三笠書房）など多数。

「愛」するための哲学

2021年2月28日　初版発行
2025年2月18日　新装版初版印刷
2025年2月28日　新装版初版発行

著　者　白取春彦
発行者　小野寺優
発行所　株式会社河出書房新社
〒162-8544
東京都新宿区東五軒町2-13
電話03-3404-1201（営業）
03-3404-8611（編集）
https://www.kawade.co.jp/

本文デザイン　遠藤陽一（デザインワークショップジン）
カバーデザイン　大倉真一郎
組　版　一企画
印刷・製本　株式会社暁印刷

■本書は2021年2月小社刊『「愛」するための哲学』を新装したものです。

Printed in Japan
ISBN978-4-309-23170-9